AF468880

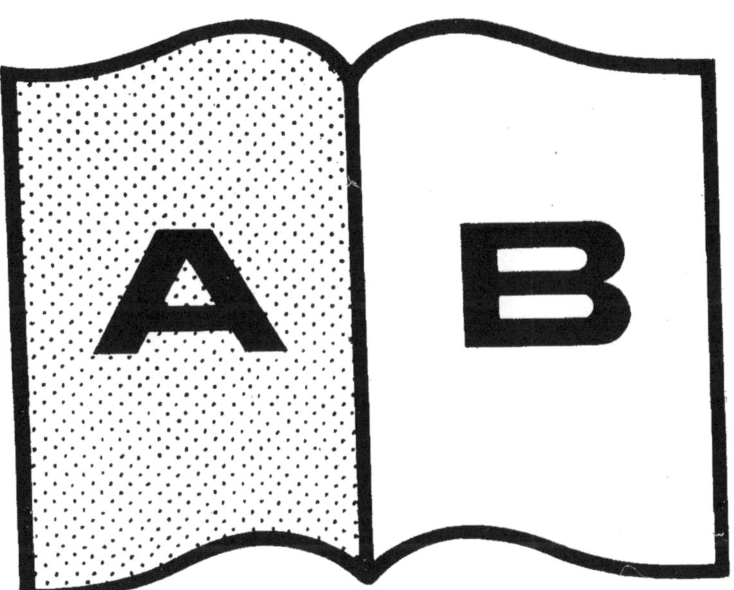

Contraste insuffisant

NF Z 43-120-14

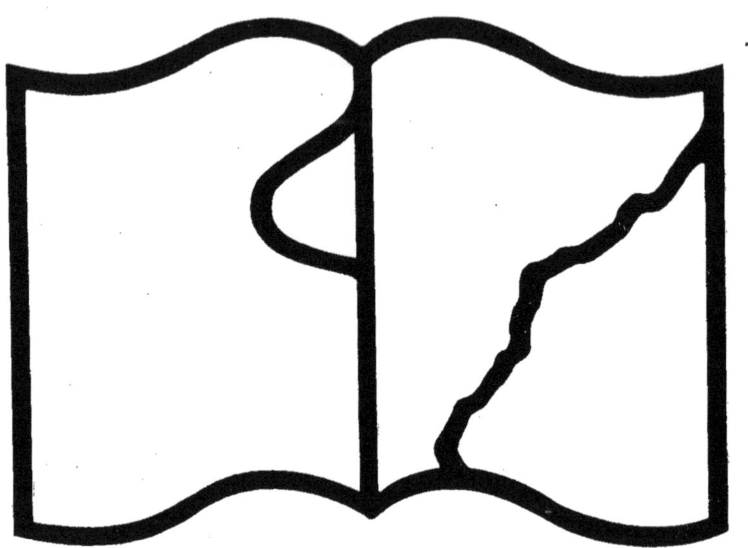

Texte détérioré — reliure défectueuse

NF Z 43-120-11

8° V
39369

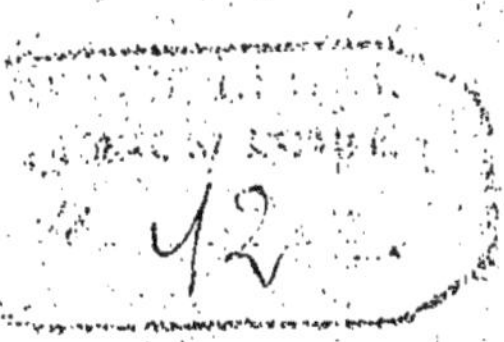

Prix : 2 francs.

LOUIS GILLET

L'ART FLAMAND
ET LA FRANCE

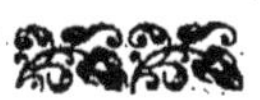

PARIS
G. VAN OEST ET CIE, ÉDITEURS
63, BOULEVARD HAUSSMANN, 63

1918

L'ART FLAMAND
ET LA FRANCE

8° V
39369

Cette étude a été publiée par la *Revue des Deux Mondes* le 1er mai 1918.

MACON, PROTAT FRÈRES, IMPRIMEURS

LOUIS GILLET

L'ART FLAMAND
ET LA FRANCE

PARIS
G. VAN OEST ET Cie, ÉDITEURS
63, BOULEVARD HAUSSMANN, 63

1918

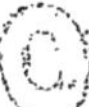

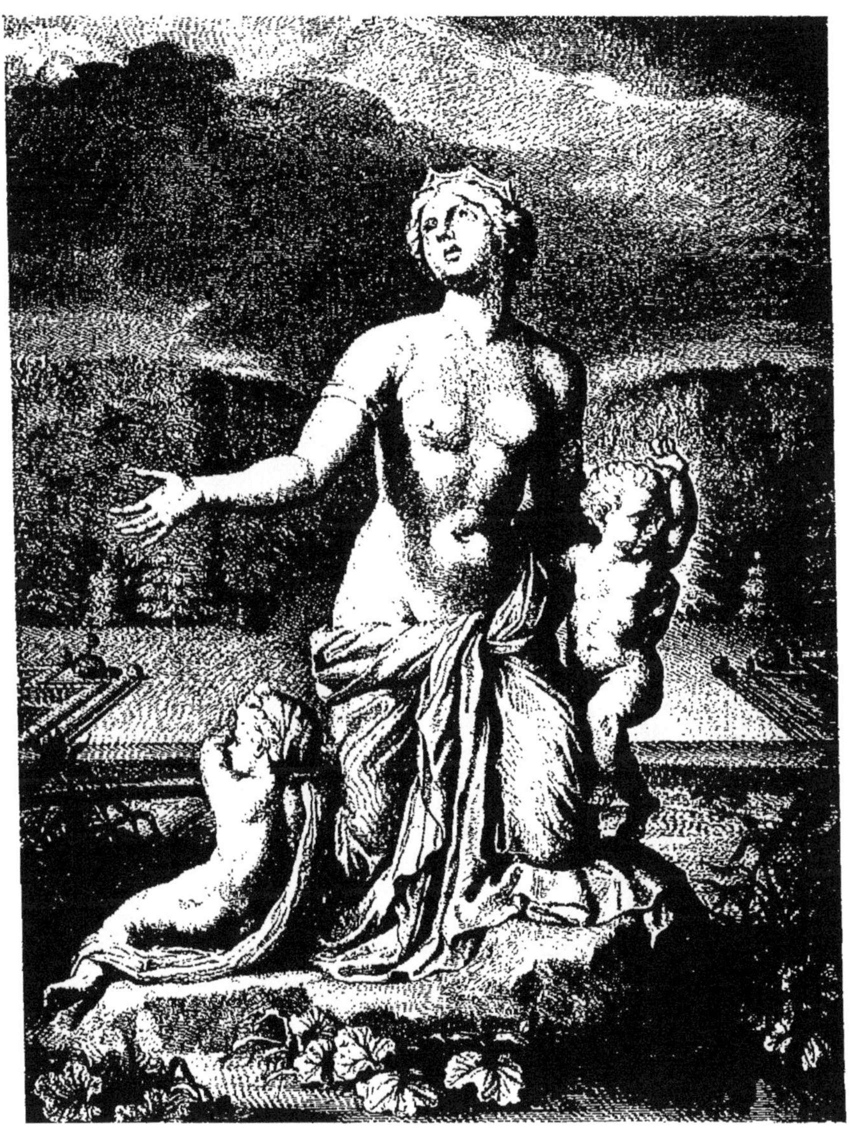

Latone entre ses deux enfants,
par Balthazar Marsy de Cambray.
Groupe de marbre blanc dans les jardins de Versailles
(d'après la gravure de G. Edelinck à la Chalcographie du Louvre).

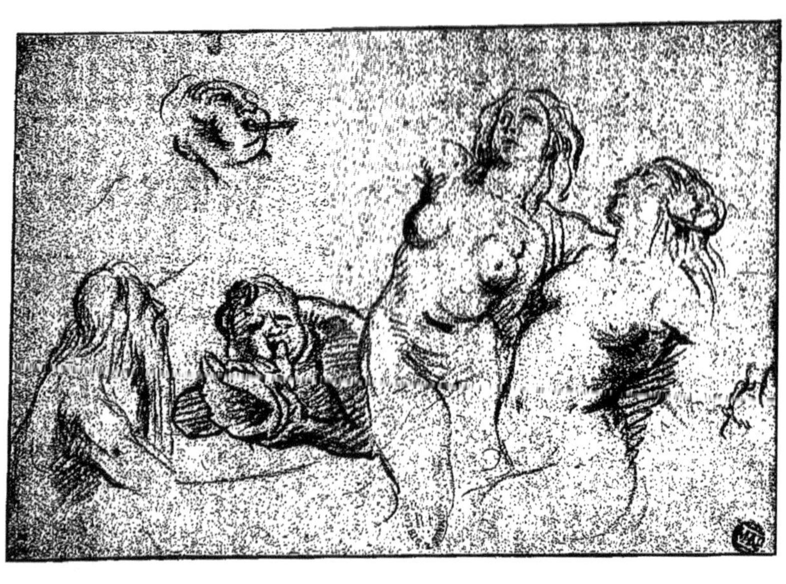

L'ART FLAMAND

ET LA FRANCE

De toutes les manœuvres d'opinion qui préludent à sa politique flamande, la plus curieuse est peut-être le mouvement tournant par lequel l'Allemagne essaye, depuis un siècle, de s'incorporer l'art flamand. Que n'a-t-elle pas tenté pour s'annexer ces grandes écoles de Bruges et d'Anvers, et pour en faire une manifestation du génie germanique ! L'Allemagne a toujours souffert d'être une artiste médiocre ; rien ne lui est plus pénible que son manque de talent. Être condamnée à imiter, vivre des miettes de la France, ce fut pour elle de tout temps la plus cuisante humiliation ; elle ne se console pas d'être une nation sans goût. Entre tant d'essais avortés dont témoigne son histoire, l'art flamand lui apparaissait comme une revanche heureuse de son propre génie. De toute la famille germanique, les Flamands étaient de beaucoup les mieux doués pour les arts : ils semblaient aux Allemands des frères qui avaient réussi. Par eux, l'Allemagne oubliait le chagrin de ses propres déceptions. Les musées les plus riches en ouvrages flamands sont ceux de l'Allemagne ; s'il suffisait de ces collections pour prouver quelque chose, l'Allemagne aurait là des titres artistiques. La première action de la Prusse après le traité de 1815 fut de s'emparer du retable de Gand. Le vénérable chef-d'œuvre d'Hubert et de Jean van Eyck, ramené de Paris dans les bagages de l'armée, se trouvait à Bruxelles entre les mains d'un brocanteur. Les Alliés d'alors s'empressèrent de le dépecer. Quatre panneaux furent acquis pour le musée de Berlin ; deux autres demeurèrent à Bruxelles ; Munich se contenta d'une copie. On ne rendit à Gand que des lambeaux du chef-d'œuvre. Ainsi fut lacéré, au nom des « nationalités », le plus précieux monument du génie de la Flandre.

Ces empiétements de l'Allemagne auraient-ils jamais commencé si la Flandre n'avait eu par hasard le dangereux honneur de parler une langue germanique? Y a-t-il en dehors de ce prétexte philologique un lien de parenté quelconque entre l'esprit flamand et l'esprit allemand? C'est ici justement que l'histoire de l'art peut être d'un grand secours. C'est sans doute, au milieu du drame qui agite le monde, un petit côté des choses que le point de vue de l'art ; il offre pourtant, pour qui sait voir, une manière assez sûre d'atteindre la vérité. La carte des langues ne saurait devenir une carte politique. L'histoire de l'art présente un ordre de faits beaucoup plus sûrs. Un peuple ne choisit pas sa langue : il fait son art à son image. Il le façonne selon ses goûts. Des trois livres où, Ruskin l'a dit, les peuples écrivent leurs mémoires, — leur histoire, leurs lettres, leur art, — ce dernier est le plus sincère et le plus véridique. C'est le seul qui ne les trahisse pas et où l'âme d'un peuple dépose ses trésors et ses profonds secrets.

Or, il se trouve qu'en dépit des prétentions allemandes, l'art flamand n'a guère eu de commun avec l'Allemagne que les innombrables emprunts que celle-ci lui a faits ; au contraire, c'est avec la France que l'unissent des rapports séculaires et ininterrompus. On n'a pas oublié les expositions de « primitifs » qui eurent lieu un peu partout, il y a une quinzaine d'années, celle de Bruges en 1902, et deux ans plus tard celle du Pavillon de Marsan. On découvrit que la Renaissance n'était pas seulement un fait italien ; que le Nord de l'Europe, Dijon, Bruges, Paris y avaient une part au moins égale à celle de Florence. La France, la Flandre y étaient intimement mêlées. Mais les rapports des deux écoles ne se sont pas bornés à l'époque des origines. Les échanges se poursuivent jusqu'à nos jours avec une régularité qui semble une condition de la nature de chacune d'elles. Il y a là une sorte de mariage, où il est difficile de dire lequel des deux époux a donné davantage. Peut-être ne sera-t-il pas inutile d'esquisser à grands traits l'histoire de ce fécond ménage. C'est le privilège de l'art, qu'il n'exprime jamais que des sentiments de sympathie. Les rapports de la France et de la Flandre ont été parfois orageux. La vie politique est fertile en occasions de griefs. Le domaine de l'art, au milieu des affaires humaines, est celui du désintéressement. Parmi les luttes et les querelles du monde « temporel », il ne nous montre que les raisons que nous avons d'aimer.

Peut-être même une telle étude aura-t-elle, au surplus, un intérêt plus général. En suivant, sur une étendue de trois ou quatre siècles, l'histoire artistique de la Flandre, nous verrons plus d'une fois se modifier les goûts ; il deviendra difficile de reconnaître dans le Flamand du XVIIIe siècle le Flamand du XVe, et dans les petits maîtres et les auteurs de « fêtes galantes » les descendants des grands gothiques de Bruges et de Gand. — L'Allemagne avait inventé une théorie des races, sorte de mythe historique en vertu duquel toutes les œuvres d'un peuple apparaissent comme les expressions d'un principe immuable ; l'histoire se développe avec une rigueur de théorème. Un arbre, une école artistique semblent croître, dans ce système, avec le caractère inflexible d'un syllogisme. Les faits sont loin d'offrir tant de rigidité. Le caractère ethnique n'a pas la fixité que lui prête la philosophie. Les peuples ne sont pas esclaves de ces définitions ; leur pensée ne se laisse pas enfermer dans une formule simple. Il est commode de poser quelques abstractions séduisantes, et de faire entrer ensuite les faits, de gré ou de force, dans les cadres d'un panthéisme germanique. La réalité est plus souple et se rit de ces tentatives. Toute l'histoire humaine n'est faite que de notre effort pour échapper à la fatalité. La Flandre peut nous servir d'exemple. On nous saura gré d'esquisser ici ce grand sujet et de le proposer comme une leçon d'ouverture édifiante à l'Université flamande, dont la sollicitude impériale vient de doter la ville de Gand.

I

S'il existe en effet, dans les manuels d'histoire de l'art, une notion bien arrêtée, et qui ait pris la force d'un proverbe ou d'un lieu commun, c'est celle qui assimile le nom de « flamand » au nom de réalisme. On dirait qu'il y a entre ces deux termes une sorte d'équivalence, comme si c'était la fonction de la Flandre de produire automatiquement des peintures réalistes, ainsi qu'un pommier fait des pommes ou qu'un diabétique « fait » du sucre. Que n'a-t-on pas écrit sur ce « génie du Nord » opposé au génie latin, et sur l'intimité, la bonhomie, la cordialité du premier, par contraste à la rhétorique et au paganisme du second ? Faut-il rappeler les pages que Taine et Fromentin ont consacrées à ce cas classique des variations de l'art considéré comme résultante de la race et du « milieu » ?

Or, ce *naturalisme*, qui est la grande vertu de l'école

flamande, qui est devenu la marque de l'école hollandaise et s'est communiqué dans la suite à l'Espagne, — laquelle n'est sans doute réaliste en peinture que pour avoir été l'élève de la Flandre, — ce naturalisme n'est pas une des qualités inhérentes à ce pays et comme un attribut spécial de la race. Il existe, et il a toujours existé, une Flandre qui n'est nullement « naturaliste ». Et ce qu'elle a de naturaliste, on peut dire qu'elle se l'est donné parce qu'il lui a plu ainsi, par un choix de son goût et de sa volonté, et qu'elle en a reçu les premières leçons et les exemples de Paris.

Depuis le XIIIe siècle, en effet, l'art français est en possession de régner seul dans le monde ; il couvre la chrétienté entière, et jusqu'à l'Orient, d'églises et de palais de ce style gothique, dont le vrai nom est le style français. La Flandre, d'ailleurs vassale de la couronne de France, n'a pendant tout ce temps aucune vie artistique indépendante ; c'est en vain qu'on rechercherait chez elle des traces ou des indices de ce goût réaliste qui devait faire un jour sa gloire. Le peu de monuments de cette époque qui ont survécu aux tempêtes iconoclastes du XVIe siècle ne montre qu'un reflet de l'art de nos imagiers ; même les figures funéraires, comme celle du duc Henri, qui se voyait avant la guerre au chevet de l'église Saint-Pierre de Louvain, ne sortent pas de cette convention idéale qui est alors la règle de la sculpture française. On trouve en Flandre, à Bruges, à Tournai ou à Liége, plus d'une œuvre remarquable et d'une élégance charmante ; rien n'y annonce encore d'école originale.

Mais cet art si pur du XIIIe siècle, le plus attique, le plus parfait qui ait paru depuis la Grèce, ne devait durer qu'un moment. Une révolution profonde va l'emporter bientôt. Ce sera l'œuvre du siècle suivant, siècle plus trouble, d'une unité moins grandiose et moins harmonieuse, et qu'on est tenté de prendre pour une décadence : siècle, en réalité, tout bouillonnant d'idées et de courants nouveaux, et où commencent à se faire jour tous les principes modernes.

Cette époque du règne des Valois est marquée dans l'histoire de traits bien particuliers. La monarchie française, au milieu des périls de sa lutte contre l'Angleterre, prend sa forme moderne d'État centralisé. Les premiers linéaments d'une administration régulière se dessinent. La physionomie toute patriarcale des rois de la première race, dont le chêne de saint Louis est la dernière image, cède à une notion nouvelle de politique positive et aristotélicienne. Un pouvoir inconnu, la finance, s'élève. On voit autour de la monarchie naître ce fait nouveau, la Cour. Les grandes constructions du temps ne sont plus, comme au XIIe siècle, les vastes abbayes et les puissants châteaux ni, comme au siècle suivant, les grandes cathédrales. Maintenant, c'est le Roi, c'est la famille royale qui construisent leurs hôtels, leurs bastilles, leurs tournelles ou qui, dans les faubourgs, multiplient les couvents. Ces Valois ont tous été de grands bâtisseurs : mais dans leurs monuments le caractère privé l'emporte sur le caractère national. C'est le Louvre de Charles V et son hôtel Saint-Pol et ce couvent des Célestins, monument de la piété royale ; ce sont les innombrables hôtels élevés par ses frères de Bourgogne et de Berry, par ses fils ou ses neveux d'Anjou et d'Orléans, depuis les palais de Bourges, de Poitiers, de Dijon, jusqu'aux châteaux de la fin du siècle, comme celui de la Ferté-Milon.

Cette transformation de la société peut se résumer d'un mot : Paris devient une capitale. Il peut y avoir en art des inconvénients à ce qu'il existe des capitales. En tout cas, l'art n'est plus dans ces conditions ce qu'il était auparavant. La critique s'aiguise, les idées deviennent plus instables, les goûts changent plus vite ; l'évolution se précipite. Les questions de mode apparaissent. Tout prend déjà cette physionomie agitée et un peu fiévreuse, cette animation spéciale qui est la marque de la vie de Paris.

Ce Paris du XIVe siècle est déjà, en petit, ce qu'il est resté depuis, ce qu'il sera, par exemple, au temps de la Régence : la ville la plus brillante du monde, le grand marché d'idées, d'affaires et de plaisirs, le rendez-vous des étrangers, le centre des raffinements, du luxe, de la vie mondaine. Ce Paris, avec ses tournois, ses carrousels, ses bals d'hommes sauvages, ses modes excentriques, ses tailles pincées, ses manches, ses élégances baroques, ses chaperons, ses traînes en dents de scie, en crêtes de coq, ses chaussures à la poulaine, qui donnent aux femmes et aux hommes un aspect bizarre et cornu d'insectes, de cerfs-volants ; ce Paris, avec ses caprices, ses disputes, ses écoles, son immense foire permanente de systèmes, d'oripeaux, de bijoux, avec sa montagne latine, ses halles de Champeaux, ses banques, ses Juifs, ses Lombards, avec ses fortunes scandaleuses, l'insolence de ses nouveaux riches, les Braque, les Montaigu, dont on voit la fortune s'enfler comme une bulle, jusqu'au jour où l'on envoie le parvenu rendre gorge et tirer la langue à Montfaucon ; ce Paris turbulent, tumultueux, délicieux, avec sa foule de princes, son perpétuel carnaval, ses rois de Majorque, de Navarre, de Bohême, d'Écosse, y menant loin de leurs États la vie de grands seigneurs, — « et saouloient venir solacier à Paris l'empereur de Grèce, l'empereur de Romme et autres roys et princes de diverses parties du monde » ; — ce Paris d'un siècle d'argent, de jouissances et de course à l'abîme, au milieu d'un tourbillon de plaisirs, sous la marotte d'un roi fou, — offre un spectacle déjà singulièrement moderne, une de ces visions de rue Quincampoix qui feraient hésiter sur la date d'un vertige qui s'est reproduit à tant de reprises dans notre histoire.

Et avec tout cela, déjà ce charme qu'on n'oublie plus. Il faut lire dans Jean de Jandun ou dans Guillebert de Metz ces impressions d'éblouissement que laisse à l'étranger la visite de la Ville Unique. « Être à Paris, c'est être absolument, *simpliciter ;* partout ailleurs, on n'a qu'une existence relative, *secundum quid.* » Ainsi s'exhalait de Paris cet air qu'on ne respire que là, ce parfum de la douceur de vivre.

Un tel monde, dont le pareil n'existe nulle part en Europe, est le milieu privilégié pour l'art et les artistes. C'est dans des conditions semblables que s'opèrent naturellement les changements du goût. Ce qui préserva l'art toutefois des dangers d'une évolution trop rapide, ce qui le sauva de l'anarchie, ce fut le pouvoir royal. L'art du XIVe siècle est au plus haut degré un art officiel. Les Valois ont eu de bonne heure cette idée de se servir de l'art comme d'un instrument de règne, d'en faire un signe de leur puissance et un moyen de gouvernement. Multiplier les constructions, inviter la noblesse à abandonner ses fiefs, à les vendre pour bâtir à Paris, à s'endetter pour y suffire, c'est l'esquisse de la politique qui fut l'idée profonde de Louis XIV à Versailles : vue digne de ce grand Charles V, « sayge artiste, vray architecteur », comme l'appelle Christine de Pisan. J'ajoute que le goût personnel de ce prince et de sa famille se fait sentir sur l'art d'une manière plus évidente que ce ne fut le cas pour aucun autre. Il est hors de doute que les Valois ont eu une action prépondérante sur le mouvement qui engage les arts dans les voies du naturalisme, et qu'ils ont joué ainsi un rôle capital dans les débuts de la Renaissance.

Il suffit de jeter les yeux à Saint-Denis sur la série des tombeaux, qui forme le musée le plus complet de la sculpture française : on assiste, d'un ouvrage à l'autre, aux progrès dans le sens du réel et de l'imitation exacte de la

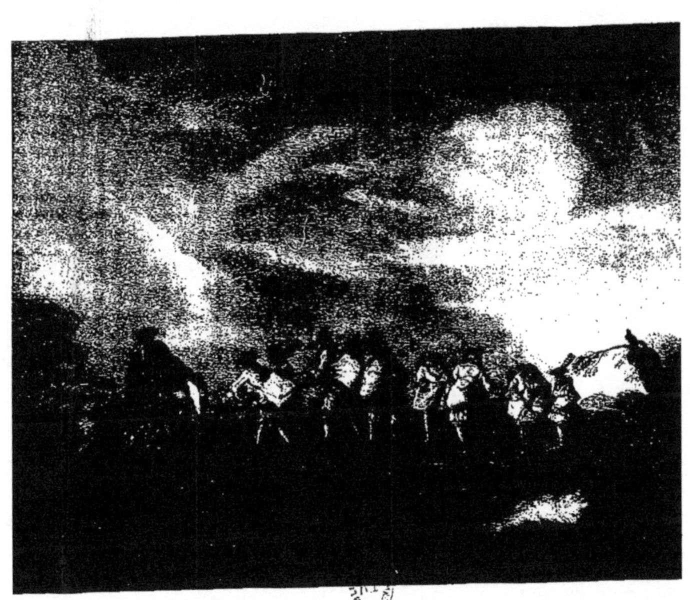

Photo A. Braun, Paris.

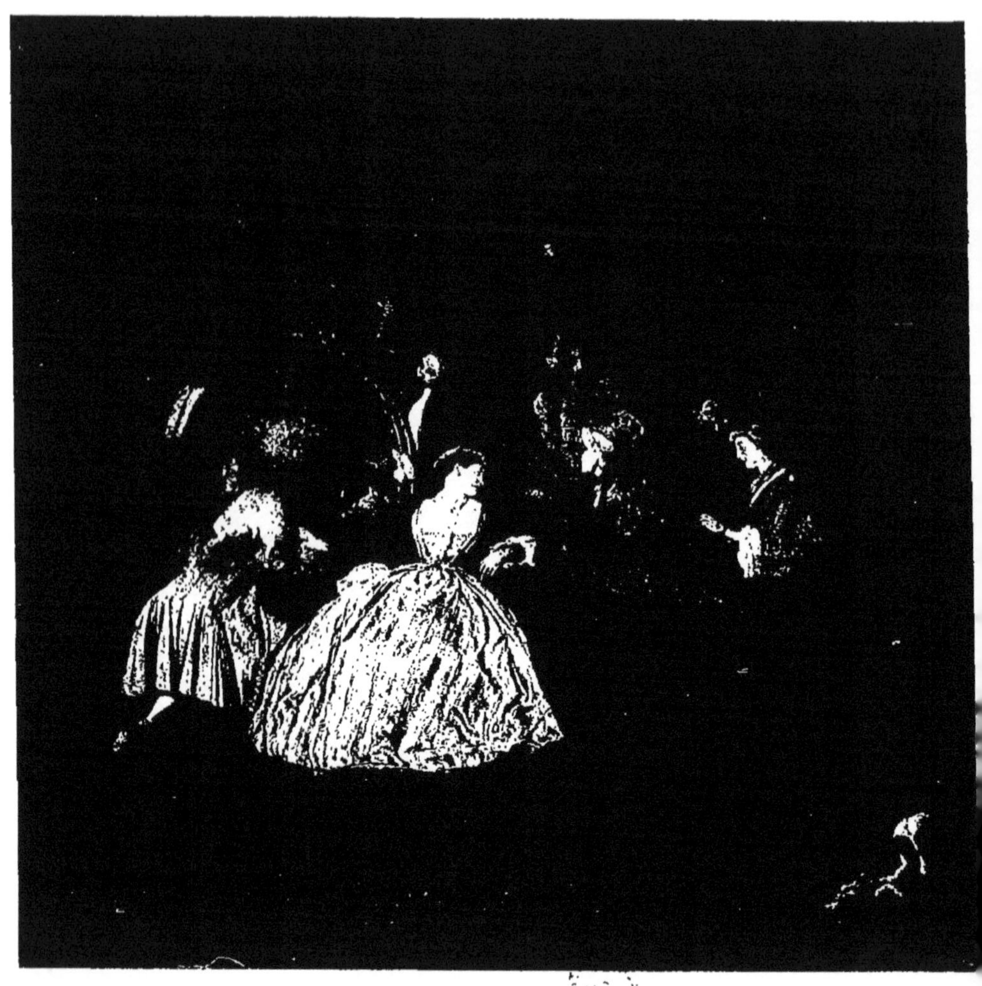

Photo A. Braun, Paris.

L'enseigne de Gersaint (partie droite), par A. Watteau.
(Palais impérial, Berlin.)

vie. Au siècle précédent, l'art semblait s'interdire toute espèce de ressemblance vivante; l'imitation positive était jugée comme un objet inférieur; la mort était représentée comme une attitude idéale et comme un repos impersonnel. L'idée même de la mort était tenue à l'écart : le gisant a les mains jointes et les yeux ouverts, tant l'art de cette époque ne s'attache qu'au surnaturel et dédaigne les accidents et les misères de la chair. Il ne veut voir de l'homme que ce qui est éternel. Au siècle suivant, au contraire, la reproduction du modèle s'impose de plus en plus comme la fin de l'art; le sculpteur n'invente plus, il n'a plus d'idéal qui le distraie du vrai : son ambition est de faire de plus en plus ressemblant, et de donner à son œuvre la valeur d'un document ou d'un moulage. Ce que l'art a pu perdre du côté des idées, il le gagne en souplesse et en puissance d'exécution. Les yeux se ferment ; le masque devient gras ou maigre, vulgaire si le modèle est vulgaire ; on n'a plus la pensée d'exprimer la beauté, quand la beauté est absente de la nature. Il suffit de donner au portrait l'apparence de la vie.

Le *portrait :* dans ce mot tient tout un programme artistique. Élargissez un peu la signification, étendez-la du personnage à tout ce qui l'entoure, au monde extérieur, au décor, au paysage, vous avez le programme de la plus complète révolution qui puisse s'accomplir en peinture, en sculpture, et de quoi suffire à jamais à des investigations d'artistes. La conquête de la nature, tel sera, en effet, le grand objet que va désormais se proposer l'art pendant deux siècles. Les Valois ont le goût le plus décidé pour ce genre d'images d'après le vif. Nous avons conservé le portrait de Jean le Bon, fait peut-être par son peintre et « varlet de chambre » Girard d'Orléans. Les portraits de Charles V abondent. Nous connaissons aussi son frère de Bourgogne, avec son air de bon vivant. Quant au duc de Berry, c'est certainement un des hommes qui ont poussé le plus loin la manie du portrait : sa personne, son entourage, ses châteaux, son service de table, ses habitudes et son visage de Mécène sensuel et bouffi, ses costumes, ses chapeaux de fourrure, ses joyaux, ses maisons de plaisance, il n'est rien de tout cela qui ne nous soit rendu familier par les merveilleuses peintures des manuscrits de sa « librairie », les plus belles sans doute qui existent, et telles qu'aucun Médicis ne peut se vanter d'en posséder de comparables parmi ses plus précieux trésors. Il suffit de rappeler le plus illustre de ces livres, ces *Très riches Heures* de Chantilly, l'une des gloires du musée Condé et de l'Institut de France qui en est le gardien ; il suffit, dans ce livre, de feuilleter les premières pages, celles du calendrier qui ouvre le volume, et qui représentent, sous chacun des mois ou des demeures du soleil, la vue d'une des résidences du prince ; il suffit de considérer au hasard une seule de ces pages, d'une beauté et d'une poésie qui n'ont pas été dépassées, — soit le triste *Février* avec l'atonie de son ciel noir sur la lividité de la neige, soit le ravissant *Avril*, plus piquant et plus gracieux qu'aucun chef-d'œuvre de Gentile ou de Pisanello, soit la chasse de *Décembre* et ses rousseurs d'automne autour du donjon de Vincennes. En moins de soixante ans, depuis le portrait de Jean le Bon, on voit les immenses progrès accomplis dans ce domaine de l'imitation de la réalité. L'art de peindre est là tout entier avec toutes ses ressources ; le programme du « portrait » appliqué à tout le champ de l'observation a été parcouru. Nous sommes en 1416 : et il y a déjà dans ce livre fait à Paris, pour un prince français, tout le génie flamand et toute la peinture des van Eyck.

Je n'écris pas ce nom sans raison. En effet, toute cette école parisienne, tout cet art réaliste que nous venons de voir se former, se trouvent fort mêlés d'éléments et d'artistes des Flandres. L'artiste, l'ouvrier flamand est souvent d'humeur voyageuse ; il va où il trouve de l'ouvrage, où l'appelle la « demande » ; il est volontiers cosmopolite. Le type, si l'on veut, en sera ce Froissart, tellement universel ou international, tellement étranger à l'idée de patrie qu'il est également à l'aise en France, en Angleterre, en Navarre, en Écosse, et qu'à force de refléter tour à tour tous les partis, il nous offre l'image la plus complète de son temps. Il y a donc partout en France, et surtout à Paris, des nuées de ces Flamands qui travaillent pour la cour ou pour les grands seigneurs. Charles V en emploie, témoin ce Jean de Bondol, dit aussi Jean de Bruges, l'auteur du frontispice de la *Bible de Vaudetar*, et qui dessina les cartons de la fameuse tenture de l'*Apocalypse* d'Angers, que tout le monde a vue au Petit Palais en 1900. C'est un Flamand, Jean Pépin de Huy, qui taille à Saint-Denis l'image de Robert d'Artois. C'en est un autre, André Beauneveu de Valenciennes, qui sculpte celle des trois premiers souverains de la maison, Philippe VI, Jean le Bon et son fils Charles V. — Celui-ci est un maître et il fait à la cour figure considérable, ce « Maître Andrieu, dit Froissart, dont il n'avait (n'y avait) meilleur ni le pareil en nulles terres, ni de qui tant de bons ouvrages feust demouré en France ou en Haynnau, dont il était de nation, et ou (au) royaume d'Angleterre ».

On n'attend pas ici que j'énumère les noms flamands que nous révèlent les comptes du Roi et de ses frères, tailleurs d'images, enlumineurs, orfèvres, Jean ou Hennequin de Liége, Jacquemart de Hesdin, ou ce Jacques Coene, de Bruges, « demeurant à Paris », préoccupé de recherches sur la peinture à l'huile, et auquel on a pu attribuer avec vraisemblance un des beaux manuscrits du siècle, les *Heures de Boucicaut*, entrées naguère avec le musée Jacquemart-André dans les collections de l'Institut ; et il y en a d'autres en province, à Lyon ou à Troyes, où les archives, en deux siècles, signalent plus d'une centaine de ces noms d'immigrés. Les princes les emploient au même titre que leurs sujets, les Raymond du Temple, les Guy et les Drouet de Dammartin, les Jean de Saint-Romain, qui se partagent avec Beauneveu ou Marville les faveurs des Valois. Ils prennent une part active à ce progrès qui pousse les arts à la conquête du monde réel : leur tempérament de Flamands, leur vocation de réalistes font merveille dans ces voies nouvelles ; mais c'est une vocation qui s'est révélée à Paris.

II

Un fait capital allait resserrer encore les liens des deux écoles, compléter la fusion : la Flandre, rattachée à la couronne de France, va revenir par héritage à la maison de Bourgogne. En 1367, Philippe le Hardi, frère de Charles V, épouse Marguerite de Flandre, fille unique du comte Louis de Male, laquelle lui apporte en dot les comtés d'Artois, de Rethel, de Nevers et le comté de Flandre, « le plus grand, riche et noble qui soit en chrétienté ». En 1383, à la mort de Louis, son gendre devient comte de Flandre. Ce n'est pas le lieu d'insister sur un fait politique qui devait dominer l'histoire pendant un siècle et développer des conséquences qui n'étaient pas éteintes au temps de Charles-Quint. On ne peut étudier ici ce phénomène, cette subite excroissance d'un État parasite qui devint une si grave menace pour la vie nationale ; nous ne nous occupons ici que des résultats artistiques.

Le nouveau comte de Flandre n'a pas la réputation d'amateur raffiné qu'a laissée son frère de Berry. Tous ces Bourgogne sont fameux surtout par un amour du faste et

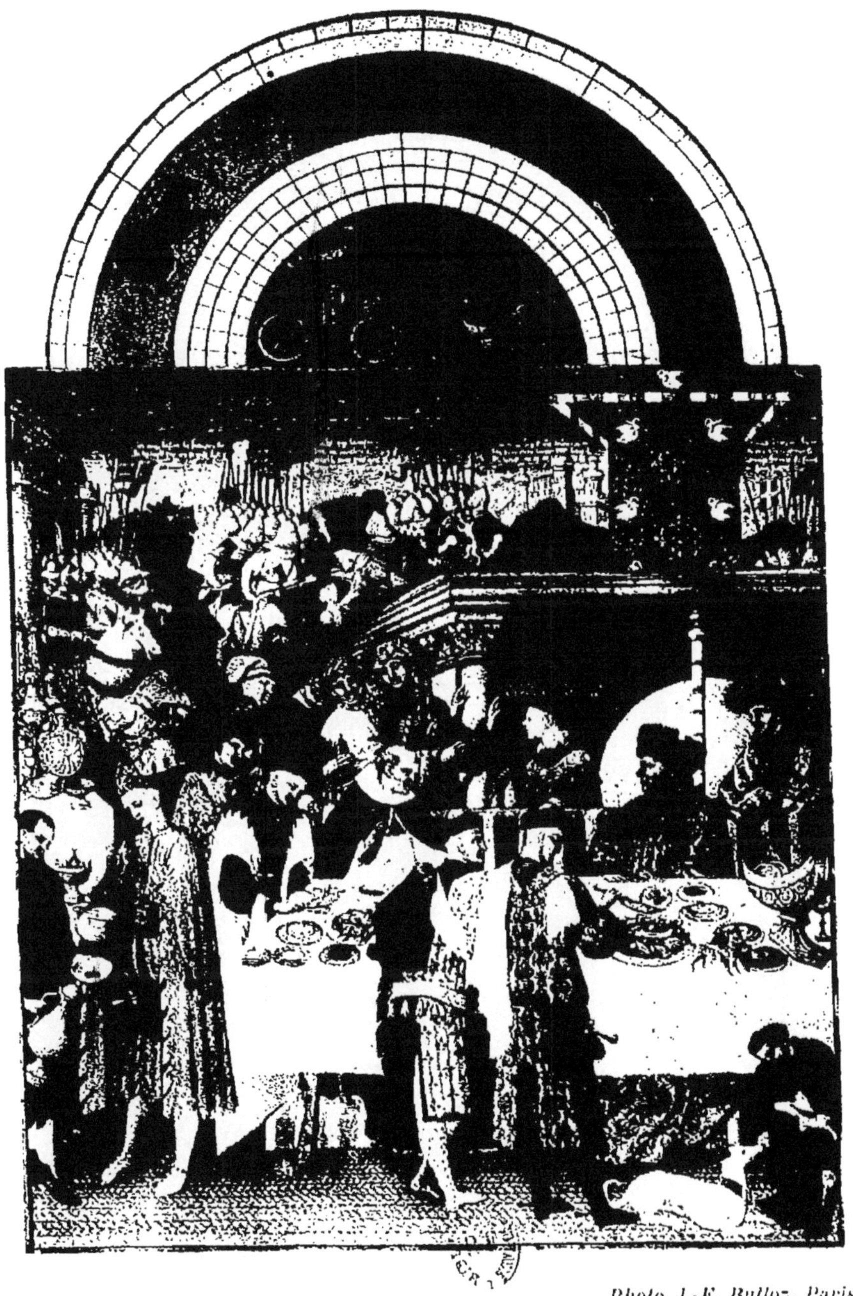

Photo J.-E. Bulloz, Paris.

Le duc de Berry à table.
Enluminure des « Très riches Heures » du duc de Berry.
(Musée Condé, Chantilly.)

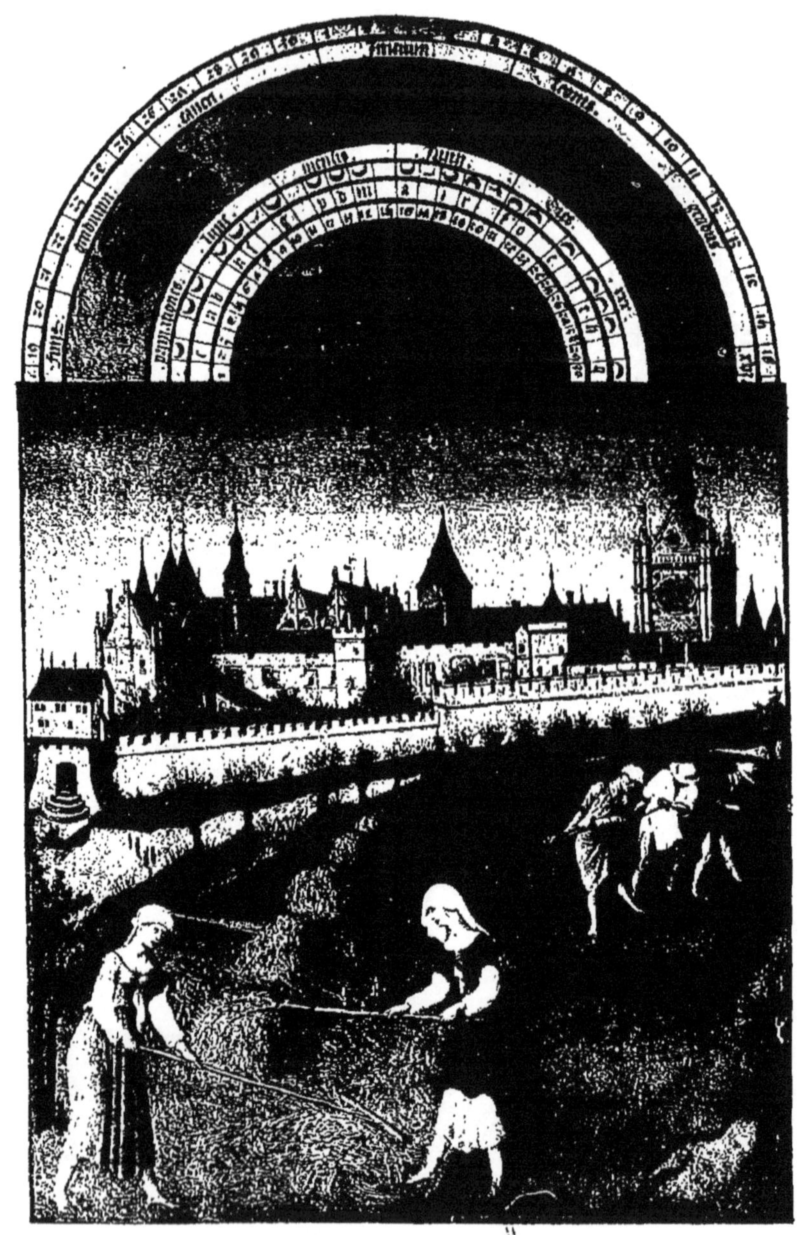

Photo J.-E. Bulloz, Paris.

La Fenaison.
Enluminure des « Très riches Heures » du duc de Berry.
(Musée Condé, Chantilly.)

de la vie plantureuse, par la magnificence de leurs joailleries, par la pompe de leurs festins et la recherche de leurs « entremets », par leurs réceptions « à tables habandonnées », par le luxe copieux des viandes et des vins ; Taine fait de leurs fêtes, de leur train de vie, de leurs cuisines un tableau gargantuesque, d'une verve magnifique, à la manière de Jordaens. Il nous montre dans les inventaires leur vaisselle inouïe, les pierres, les métaux précieux, « ce large ruisseau d'or qui coule, chatoie, s'étale et ne s'arrête pas ». Il nous donne l'impression d'un immense débordement de matérialisme, d'un épanouissement ou d'une symphonie de toutes les sensualités. Cette peinture célèbre risque peut-être de nous induire en erreur : les détails sont pris pour l'ensemble. Les choses ne sont pas à leur plan. Sur un catalogue d'archives, les pièces d'orfèvrerie occupent plus de place qu'un château. Sans doute, presque tous les monuments de la maison de Bourgogne ont disparu : on se figure ainsi qu'ils n'avaient que peu d'importance. Nous en jugerions autrement, si nous les avions conservés.

En fait, de tous ces monuments de la grandeur bourguignonne, Dijon seul, par bonheur, montre encore quelques restes. Ce sont les ruines d'une Chartreuse, que le duc Philippe le Hardi fit construire aux portes de la ville, au faubourg de Champmol, pour servir de sépulture et de sanctuaire aux princes de sa maison. Le soin du tombeau et le souci de la demeure éternelle ne sont sans doute pas aussi « païens » que l'auteur de la *Philosophie de l'art* reproche aux ducs de l'avoir été. L'église et le couvent sont détruits ; il n'en subsiste plus que deux ensembles de sculptures : ce sont les figures du portail et le soubassement du mystérieux *Puits de Moïse*, au centre de ce qui était le cloître, œuvre de deux Flamands, Jean de Marville et Claus Sluter ; — et ce sont les tombeaux des ducs, recueillis aujourd'hui au musée de Dijon, ouvrages de Claus de Werwe et de ses successeurs.

Tout a été dit sur ces ouvrages admirables, sur la vogue et le retentissement qu'ils eurent dans la sculpture. Peu d'œuvres eurent l'honneur d'être plus imitées et se prolongèrent pour ainsi dire en plus de répliques et d'échos. Toute la sculpture française, jusqu'au temps de Michel Colombe (et plus encore l'allemande) reproduira les formes de l'école bourguignonne. Le « souverain tailleur d'images », comme Lemaire de Belges appelle encore Sluter, a introduit dans l'art un pathétique nouveau : il y a dans ses figures une grandeur de mélancolie, un accent tragique, on ne sait quoi d'âpre et de rugueux dans la forme, une manière de pétrir l'argile humaine pour en tirer des êtres d'un aspect grandiose et inconnu ; et autour de ces figures, des draperies plus vastes et d'une ampleur nouvelle, avec des saillies plus marquées et des ombres plus fortes, des enchevêtrements de plis sur les pieds et autour des membres, et toute une façon d'amplifier la forme en y ajoutant quelque chose d'oratoire et de lyrique. L'art du XVe siècle dans tout le Nord de l'Europe répétera à satiété ces écroulements d'étoffes, ces remous et ces froissements de houppelandes, sans comprendre toujours le sens de cette rhétorique et la force expressive d'un art qui savait faire dire à la draperie toute seule plus qu'on n'avait encore tiré du geste et de la figure. On reverra autour des tombeaux jusqu'à la fin du siècle ces processions de pleurants et leur pantomime de douleur noyée dans des cagoules, thème émouvant qui va se développant pour finir dans le sublime tombeau de Philippe Pot, au Louvre, où un maître inconnu immortalise le motif de la marche funèbre. Le tombeau de Dijon était à peine achevé qu'il était reproduit à Bourges pour le duc de Berry par Jean de Rupy et Jean Mosselmans d'Ypres ; et ceux-ci à leur tour n'avaient pas terminé leur ouvrage, que le roi René faisait enquérir à Bourges « si les Flamands qui avaient travaillé en la sépulture de feu le duc de Berry y étaient encore, car ce sont les meilleurs ouvriers en ces marches de par-deçà ».

Tout est flamand dans ces débuts de la sculpture bourguignonne, et cependant rien ne permet d'en entrevoir l'origine dans les Pays-Bas ; tout est flamand, et cependant cet art n'a de racines qu'en France. Si nous en cherchons les modèles, c'est le *Charles V* des Célestins, ce sont les figures de Pierrefonds ou de la cheminée de Poitiers qui pourront nous les suggérer ; c'est surtout l'admirable *Couronnement de la Vierge* de la Ferté-Milon. N'est-ce pas là, dans cette page glorieuse entre toutes de la sculpture française, que l'art plastique prend pour la première fois cette nouvelle éloquence et cette magnificence de la période et du rythme ? Mais nous avons là-dessus un témoignage précis : en 1393, quand le duc de Bourgogne entreprend les travaux de Dijon, où envoie-t-il ses artistes pour y prendre leurs inspirations ? Les adresse-t-il quelque part en Flandre ou en Allemagne ? Non, il les fait aller à Meung-sur-Yèvre, chez son frère, pour visiter « certains ouvrages de peintures, d'ymaiges et d'entailleures (statues et bas-reliefs) que Mgr de Berry faisait faire audit Meung », et ce sont ces modèles que Jean de Beaumetz et Claus Sluter ont pour mission expresse d'égaler à Dijon.

C'est encore de la même Chartreuse que nous viennent les deux plus anciens monuments de la peinture flamande, — les fragments du retable de Melchior Broederlam, au musée de Dijon, et la *Vie de saint Denis*, que Jean Malouel ou Malweel laissa inachevée à sa mort, en 1416, et qui fut terminée par son élève Henri Bellechose. Chacun connaît ce joli tableau pour l'avoir vu au Louvre : on y retrouve, avec une douceur un peu molle, toute l'élégance des ateliers parisiens. Jean Malweel était vieux et appartenait au passé. Comparé à celui des *Très riches Heures* du duc de Berry, qui datent de la même année, son art semble plus timide et légèrement retardataire. Mais, s'il est vrai que les Limbourg, auteurs de ce merveilleux livre, — ils étaient, comme on sait, trois frères, Pol, Hermant et Jeannequin, « les trois frères enlumineurs », dit un contemporain qui les regarde comme une des curiosités de Paris, — s'il est vrai que ces trois frères s'appelaient Malouel et étaient neveux de Jean Malweel, on voit une fois de plus comment progresse une tradition, d'une génération à l'autre, dans une même famille d'artistes ; et l'on voit un nouvel exemple de ce que la Renaissance des arts doit en Flandre et en France à ces deux maisons-sœurs de Bourgogne et de Berry.

A cette date, au début du siècle, toutes les idées, toutes les formules de la Renaissance sont prêtes : tout s'est élaboré autour de la couronne de France, et l'art a commencé à produire des chefs-d'œuvre. Tout semble présager l'approche de l'âge d'or. Les circonstances politiques en décidèrent autrement : le cours des choses fut détourné. La folie du Roi, Azincourt (1415), les troubles qui suivirent font brusquement déchoir Paris du rôle qu'il tenait depuis le règne de Charles V. Jamais la France, la monarchie ne subirent plus terrible assaut. Les arts désertent pour longtemps la ville ruinée. Au contraire, le duché de Bourgogne s'accroît et prospère de toute la puissance qui échappe à la France. Le centre des arts se déplace et se fixe à Bruges et à Gand. Et en 1432, le retable de l'*Agneau mystique* inaugurait à Gand, par une œuvre immortelle, l'ère de la vraie école « flamande ».

L'œuvre est trop connue pour en parler encore, au bout de si longtemps qu'elle exerce l'admiration et les commentaires des critiques. C'est un de ces ouvrages qui sont un résumé du monde ; il déborde à la fois de vie religieuse et de vie naturelle. Il domine pour plus de cent ans l'histoire de la peinture : Flandre, France, Allemagne, Espagne, Italie même, lui doivent quelque chose. On peut dire qu'il a fixé jusqu'au milieu du XVIe siècle les destinées de la peinture. Longtemps la naissance d'une telle œuvre a paru un mystère. Sans nier, en effet, ce qu'a toujours de mystérieux une œuvre du génie, ne peut-on dire toutefois que le problème désormais se trouve en partie éclairci ? Inexplicable et quasi miraculeux, tant qu'on lui recherchait des ancêtres en Flandre, ce chef-d'œuvre se trouve être le terme d'un travail séculaire qui s'est passé ailleurs ; et l'Italien Facio n'en a-t-il pas le sentiment, lorsque, parlant vers 1450 des tableaux de Jan van Eyck qui déjà se trouvaient dans les collections d'Italie, il en nomme l'auteur *Johannes Gallicus ?*

III

Avec le XVIe siècle, le caractère de l'art change profondément. Les Pays-Bas s'italianisent comme la France ellemême ; Rome devient la ville sainte, la métropole du beau. Il s'ensuit pendant soixante ans un grand trouble dans toute l'école. La palette se désorganise, les nudités envahissent un art jusqu'alors fort vêtu ; les peintres font leurs classes et s'essaient à manier le beau langage des humanistes. Tout « romanise », sauf le portrait, qui parvient à sauver dans ce désordre des méthodes quelque chose des anciennes qualités du terroir et la forte discipline de la réalité.

On est souvent injuste pour cet âge ingrat de l'école flamande. En réalité, cette période difficile et assez ennuyeuse est la condition des œuvres qui vont suivre. Dès les premières années du XVIIe siècle, les Flamands ont à ce point absorbé les enseignements de l'Italie qu'ils se trouvent en mesure de lui faire concurrence et de la supplanter sur le marché étranger. Avec une puissance d'assimilation sans exemple et qui n'a d'égale que leur extraordinaire fertilité d'exécution, on va les voir partout suppléer au défaut des écoles nationales, alimenter Madrid, Londres, Paris et se faire dans toute l'Europe les fournisseurs infatigables des églises et des cours.

L'homme qui incarne entre tous cette manière de faire, le peintre qui pendant trente ans suffit à toutes les tâches et les mène de front, à la fois gentilhomme, artiste, diplomate et presque ambassadeur, c'est Rubens. Avec lui, l'art flamand du siècle d'Albert et d'Isabelle retrouve la splendeur et l'universalité qui avaient été les siennes au temps de Philippe le Bon ; grâce à lui, l'école d'Anvers éclipse l'ancienne école de Bruges et balance bientôt la gloire de Bologne. Pour un public épris des Carraches et du Guide, le grand « Italien » d'Anvers est le maître qui s'en rapproche le plus ; quiconque parmi les souverains désire avoir sa Galerie, à l'instar du palais Farnèse ou du palais Rospigliosi, s'adresse à ce talent merveilleusement expéditif. Lorsque Marie de Médicis se fait construire au Luxembourg un palais florentin, qui lui rappelle sa maison natale et les jardins Pitti, elle se laisse persuader de recourir pour les peintures, faute d'un cavalier d'Arpin, au Flamand que lui recommande le ministre de l'Archiduchesse, et qui a été pendant dix ans le peintre officiel de la cour de Mantoue. La Reine, d'ailleurs, ne dédaigne pas la manière flamande ; elle la trouve bonne pour les portraits, et a elle-même pour portraitiste Pourbus. Mais c'est une autre affaire que le style héroïque, et il faut que les temps soient difficiles pour que la Reine se résigne à confier à un Anversois la Galerie de Médicis.

Je ne dirai qu'un mot de cette œuvre célèbre, qui n'est

sans doute pas la plus touchante de Rubens, mais qui demeure, en somme, la seule subsistant au complet de toutes ses grandes œuvres décoratives. Quels que soient son importance, ses mérites de premier ordre, ses beautés éclatantes, — surtout visibles depuis que le Louvre a pris la peine de lui donner une exposition digne d'elle — on ne peut s'étendre ici sur une œuvre sans postérité. Il est en effet remarquable que, pendant tout le XVIIe siècle, cet ensemble incomparable ait existé en plein Paris comme s'il n'avait pas été. Ce n'est que tout à la fin du siècle que nos artistes le découvrent et qu'on voit un Coypel, dans un dessin du Louvre, copier les Tritons et les grasses Sirènes du *Débarquement de la Reine* ; alors seulement le Luxembourg devient un pèlerinage. Et moins encore faut-il parler de la *Vie de Henri IV*, qui fut un des projets de Rubens, et dont il existe çà et là quelques esquisses splendides, aux Offices ou à Berlin, — juste de quoi donner le regret que l'artiste ait abandonné une matière où il y avait, disait-il, « dix galeries de Médicis » ; et l'*Histoire de Constantin*, dont il exécuta les cartons pour Louis XIII, n'est pareillement qu'un incident de la carrière de Rubens, qui intéresse ses biographes plus que l'histoire de l'art.

Il est peut-être surprenant que le grand artiste, de son vivant, n'ait eu à Paris qu'un épisode si court et de si peu d'influence ; le vrai chapitre de Rubens est en France, nous le verrons, un chapitre posthume. Des malentendus personnels l'éloignèrent sans retour ; mais il y avait amené à sa suite des élèves qui y firent un plus long séjour.

Le Paris de Louis XIII commence de nouveau à offrir aux peintres un champ privilégié. Le royaume, sorti des convulsions de l'autre siècle, semble un chantier de reconstruction. Restauration religieuse : partout des couvents, des chapelles, des églises se fondent et se bâtissent. Restauration sociale : une classe nouvelle, haute bourgeoisie, noblesse de robe ou de finance, arrive au pouvoir et s'installe. Il y a beaucoup à faire pour tous les arts, dans tous les genres, entre l'Arsenal et le Marais, le Val-de-Grâce et Vaugirard. Tout un Paris nouveau se bâtit, qui perd décidément sa forme du moyen âge : le Paris de la place Royale et des comédies de Corneille, le Paris des Séguier et des Lambert de Thorigny, des La Vrillière et des Maisons, sans parler de l'exemple de Richelieu lui-même au Palais-Cardinal. Que d'occasions pour des artistes ! Une fois de plus, on revit alors ce qui s'était passé quelque trois cents ans plus tôt : tout ce qui était jeune, vacant et d'humeur vagabonde dans les ateliers d'Anvers ou de Liége, tout le trop-plein de la verve et de la production flamandes vient à Paris en quête d'une occupation.

On a fait un livre précieux sur les artistes des Pays-Bas qui vinrent à Rome ou y vécurent pendant les deux siècles classiques. Quel dommage que le pareil n'existe pas pour la France ! Un tel ouvrage éclairerait certains côtés trop peu connus de notre histoire artistique. Deux fois, à vingt ans d'intervalle, van Dyck passe par Paris pour tenter la fortune, et se met sur les rangs dans l'espoir de décorer la galerie d'Apollon. Qui pourrait dire au juste ce qu'y font un van Mol ou un van Egmont, et quelles traces y demeurent encore de leur passage ? Combien de Parisiens connaissent la coupole de l'église des Carmes de Vaugirard et savent que la peinture en est de Theodor van Thulden ? Le nom de Jean Warin est peut-être plus populaire parce que, comme directeur de la Monnaie du Louvre, il a passé pour le premier médailliste de son temps, et qu'il est l'auteur de quelques statues ou bustes très connus de Richelieu et de Louis XIV. Sa famille, devenue provinciale, gravait encore de père en fils jusqu'aux dernières années du XIXe siècle.

Parmi ces Flamands accourus pour profiter des aubaines

de la Régence, une figure se détache par un air tout particulier de dignité morale, par un sentiment de pudeur et par une attitude à la fois austère et discrète d'ami de la famille : c'est Philippe de Champagne, le peintre de Port-Royal.

C'était un Flamand de haute taille et de grande santé, ayant le flegme de son pays, une charmante candeur, placide et virginale. Il vient à Paris à dix-neuf ans, s'y marie et ne bouge plus guère. Pendant plus de vingt ans, jusqu'à la mort de Richelieu, il est avec Vouet le peintre le plus en vue et le plus occupé de l'école. De toute son œuvre décorative, au Luxembourg, au Palais-Cardinal, de sa galerie des *Hommes illustres*, de ses Allégories sur l'histoire du premier ministre, qui formaient une apothéose comparable à la galerie de Médicis, de tout ce qui faisait dire qu'il était l' « Apelle de cet autre Alexandre », rien aujourd'hui ne subsiste et ne subsistait déjà plus au XVIIIe siècle. A peine quelques portraits, comme le *Richelieu* du Louvre, sont encore là pour témoigner de ce que fut en son âge mûr le peintre officiel et l'artiste profane, le virtuose de la palette, habile à faire chatoyer les damas et les soies, heureux de l'accord somptueux des matières opulentes, et de manier ce style d'apparat qui est la majesté des œuvres du grand siècle. On comprend que le cardinal l'ait toujours préféré, « tout Flamand qu'il fût, à tous nos artistes français, parce qu'il était habile homme et que ses couleurs lui plaisaient très fort ». Vanité de la gloire ! Toute cette œuvre savante et peut-être admirable est aujourd'hui anéantie, et si le grand artiste est pour nous quelque chose de plus qu'un nom, c'est à cause de quelques pages intimes, sans luxe, sans publicité, faites pour des amis et pour de pauvres religieuses, et où le peintre simplement laisse battre son cœur.

J'ai conté naguère [1] le pieux roman de Champagne et

1. Voyez la *Revue des Deux Mondes* du 1er décembre 1909.

l'histoire touchante de sa rencontre avec Port-Royal. Sa fille y ayant pris le voile, le père se consacre au service de l'illustre maison. Le peu d'art humain qui éclaire ce jansénisme un peu morose, c'est à lui qu'on le doit. Il nous laisse surtout une galerie inestimable des hommes et des femmes qui formèrent cette grande école d'héroïsme religieux. Ces portraits graves, sans ornement, sans « effet », sans sourire, ne valant que par l'accent et le prix des physionomies, le magnifique Saint-Cyran, le doux Sacy, l'ardent et bouillant d'Andilly, et les femmes, la mâle Angélique, la forte Agnès, l'incomparable ensemble de la collection Gazier, forment un répertoire qui vaut pour l'histoire de l'âme humaine les plus nobles séries de Greco, de Hals, de van Dyck, — la monographie d'une grande famille spirituelle, d'une tribu sainte.

Et le jour où la fille du peintre, après une neuvaine, recouvra la santé, ce jour-là le père, le croyant, l'artiste se réunirent pour un chef-d'œuvre. Qui ne connaît la page admirable où deux religieuses en prières, dans une cellule grise, en robes et en guimpes grises, semblent transfigurées par l'attente du miracle, par la foi qui les illumine comme deux lampes d'albâtre ? Mais je sais dans une salle du musée de Rotterdam quelque chose de plus beau encore : un autre tableau intime où deux adolescents, le neveu du peintre et le graveur Platte-Montagne sont assis, l'un rêvant, dessinant, tandis que le second accompagne la rêverie de son ami du chant de son violoncelle. Dans ces graves harmonies grises, parcimonieuses, le peintre a fait tenir les modulations d'un concert intérieur et des accords plus rares que ceux qu'il obtenait jadis des satins et des pourpres ; et dans ces notes basses, extraordinairement riches avec très peu d'écart, s'exhale toute la musique d'un cœur austère et pur, toute la poésie de Philippe de Champagne, « bon peintre et bon chrétien ».

Mais si Champagne est le plus illustre et le plus « naturalisé » de ses pareils, que l'humeur nomade, l'espoir de s'instruire ou de réussir attirent hors du pays, il est bien loin d'être le seul qui se fixe chez nous et y fasse une longue carrière. Paris est plein à ce moment de Flamands qui y forment une espèce de tribu. Ils font beaucoup de petits métiers plutôt que du grand art, s'embauchent comme sculpteurs en buis ou en ivoire, peignent des paysages, des fleurs ou des marines, ou simplement s'occupent du commerce des objets d'art : Watteau, un jour, tombera entre les pattes d'un de ces marchands, et c'est là qu'il fera ses débuts, en peignant des *Saints Nicolas*.

Il nous reste sur ce coin du vieux Paris un document assez curieux, et qui représente sans doute assez naïvement ce qui a dû se passer cent fois. C'est l'histoire que Wleughels, — le camarade, l'ami de Watteau, — nous a faite des débuts de son père à Paris. L'histoire est amusante, et fait penser à un chapitre de roman de Lesage.

Donc, le jeune Wleughels, natif d'Anvers, voulant s'illustrer dans son art, passe la mer et débarque à Londres pour chercher une place de rapin chez Van Dyck. Van Dyck venait de mourir, l'étudiant se rabat chez Lely. Au bout de quelques années, l'ambition lui vient de sortir du portrait et de s'élever à l' « histoire » ; il part avec un camarade, et prend le chemin de Rome en passant par Paris. Les routes étaient peu sûres, on ne parlait que de voleurs : en effet, nos deux voyageurs ne sont pas plus tôt arrivés à une couchée de Paris, que les voilà dévalisés. Dans cet équipage, ils poursuivent à pied et arrivent le soir dans la ville, — inconnus, ne connaissant personne, et ne sachant, bien entendu, pas un mot de français. Wleughels, pour tout viatique, avait vaguement l'idée qu'il s'agissait de découvrir un de ses compatriotes dont il avait retenu le nom. C'était son seul point de direction ; du reste, pas un sou, pas de hardes, pas de souper : voilà le capital de nos deux compagnons. Ils vont ainsi droit devant eux, en pleine nuit, sans savoir où, traversent un pont, enfilent une rue et arrivent ainsi jusqu'à la place Dauphine. Ils avisent un passant qui rentrait à cette heure solitaire, ils l'arrêtent par la manche (on portait des manches très longues). Le passant se débat, prenant nos gens pour des filous ; mais eux se contentaient de baragouiner à qui mieux mieux : « M. Van Mol, peintre du roi. » C'était le nom de leur compatriote, et c'était là tout leur français. Mais la Providence les servait : il se trouva que le quidam était le peintre Bourdon, qui connaissait Van Mol et les mena chez lui.

Van Mol accompagne les jeunes gens chez un doreur de la rue du Sépulcre, lequel les conduit à son tour au cabaret de *la Chasse*, qui faisait l'angle de la rue du Four. Ce cabaret était un refuge, une colonie de peintres flamands. La compagnie était à table, à l'heure qu'il était : on fait caresse aux nouveaux venus, on leur fait prendre place. Et voilà nos gaillards, qui une heure plus tôt ne connaissaient pas une âme dans Paris, et qui y trouvent à la fois des amis, bon couvert, bon visage et bonne chère. Il n'y a que Paris pour ces surprises.

Il y avait là Fouquières, van Boucle, Calf, Nicasius, tous artistes de quelque renom, tous menant joyeuse vie. S'il fut question de Rome, ce fut assurément pour en détourner nos pèlerins. Le plus pressé était de ramasser quelques écus. Le lendemain, Calf conduit Wleughels chez un certain Picard, un « pays » de sa connaissance, peintre de fleurs, plus marchand que peintre, qui nourrissait quelques jeunes gens à faire des copies, et qui demeurait sur le pont Neuf, en face du Cheval de Bronze. Le voyage de Rome ne fut pas poussé plus loin.

Ce n'est pas tout. Philippe Wleughels commence à se

débrouiller ; les commandes arrivent ; il fait quarante tableaux pour le Carmel de Saint-Denis. Il songe alors au mariage. Il y avait alors, rue du Vieux-Colombier, un peintre flamand assez habile, qui peignait bien les mers : c'était un élève de van Ertveld, d'Anvers, dont le portrait par van Dyck se trouve au musée d'Augsbourg. Il s'appelait van Plattenberg. A son arrivée à Paris, il s'était fait brodeur, mais la broderie venant à être défendue, il avait repris son premier métier. Van Plattenberg, ou plutôt M. de Platte-Montagne, comme il avait traduit son nom, avait deux filles : Philippe Wleughels demanda la main d'une des sœurs. Et c'est ainsi qu'un inconnu arrivant à Paris y trouvait de quoi vivre, dîner, peindre et se marier, — en Flandre. Il pouvait même s'épargner la peine d'apprendre la langue des indigènes. Au bout de trente ans de Paris, Wleughels ne savait pas encore le français : en revanche, nous dit-on, il se piquait de correction et même d'élégance en flamand. Cela ne nuit pas à sa carrière : les meilleures compagnies s'amusaient de son jargon, et comme il ne manquait pas d'esprit, il disait en mauvais français de petites histoires fort joliment.

J'ai conté cette aventure un peu longuement peut-être, mais que de Wleughels en France et surtout à Paris ! On serait étonné de la proportion de Flamands qui se rencontre dans les arts français au temps de Louis XIV : de 1648 à 1690, on en trouve une trentaine sur les registres de l'Académie ; à la fondation, ils forment à peu près le tiers de la Compagnie. Ils ne sont pas moins nombreux aux Gobelins, dans cette manufacture des Meubles de la Couronne, une des grandes idées de Colbert, où tout un peuple d'artisans, de peintres, d'ouvriers, sous la surintendance de Le Brun, travaille à la gloire royale, exécute mobilier, tapisseries, statues, et coopère au relèvement des industries françaises. Quel n'est pas dans cette entreprise le rôle d'un Genoels ou d'un van der Meulen, ce beau peintre, l'historiographe en titre des sièges et des campagnes de Louis XIV, l'homme chargé du service de la propagande par le film, et qui nous a laissé sur ces guerres classiques tant de gaies et piquantes images, tant de pages chatoyantes, alertes et luxueuses? Quelle ne fut pas la part de cette équipe flamande dans les travaux du siècle? On ne peut feuilleter le beau livre de M. de Nolhac sur la *Création de Versailles* sans rencontrer presque à chaque page les noms de quelqu'un d'entre eux. Pour un Romain comme Tubi, combien d'œuvres charmantes des frères Marsy, de Cambrai, Gaspard et Balthazar Marsy, qui peuplent les miroirs d'eau de leurs gracieuses nymphes, taillent le marbre équestre de la grotte d'Apollon, créent l'aquatique fantaisie du bassin de Latone! Combien d'autres ouvrages de van Obstal, de Buyster, de Corneille Van Clève, l'auteur des bas-reliefs de la chapelle de Versailles, ou de ce puissant Desjardins, de son vrai nom van den Bogaert? Mais l'inventaire de nos richesses artistiques est encore si mal fait, tant de choses ont été détruites, tant de beautés gaspillées, qu'à peine savons-nous ce qui nous reste; et aussi, avouons-le, nous discernons mal, à distance, le talent individuel dans la discipline uniforme de cette grande œuvre impersonnelle. Dans la foule qui passe tous les jours sous l'arche triomphale de la Porte Saint-Martin, y a-t-il seulement deux regards pour admirer la jolie *Besançon* de Desjardins ou le *Mars* impétueux de Balthazar Marsy? Des milliers de visiteurs qui rendent aux Invalides un quotidien hommage aux reliques de Guynemer, combien remarquent les magnifiques esclaves de bronze de Desjardins, — où il y a déjà des Germains enchaînés, — et qui sont les fragments du glorieux *Louis XIV* de la place des Victoires?

Ce n'est pas mon objet de faire de ces pages une simple

énumération. Mais comment s'empêcher de rêver à la prodigieuse « ville d'art » que fut le Paris d'autrefois, tel qu'était encore, par exemple, le Paris de Sauval ou du plan de Turgot, avec ses curiosités, ses verrues, ses antiquités de tous les siècles, et ses voies biscornues où se coudoyaient tous les âges? Que sont devenues ces centaines de paroisses et de couvents, Saint-Médéric et Saint-Magloire, Sainte-Opportune et le vieux Saint-Paul, les Feuillants et les Capucines et les Filles du Calvaire, et les incroyables trésors que recélaient tant d'hôtels et de fondations religieuses? Qu'ont fait de tout cela les révolutions, les ventes et les terribles exigences de la voirie et de la rapidité modernes ? Que ne puis-je retrouver au coin de la rue Bailleul cette figure de sainte Anne, que la veuve d'un rôtisseur de la rue de l'Arbre-Sec, qui s'était enrichie à vendre de la volaille, avait commandée à Buyster en témoignage public de sa reconnaissance chrétienne et pour l'édification du quartier?

On voit du moins ce qu'était cette France où chacun, depuis le Roi jusqu'aux dames de la Halle, employait les artistes et leur donnait de l'ouvrage ; où le pays n'y suffisant plus accueillait, embauchait la main-d'œuvre étrangère ; où Paris, pour la seconde fois, reprenait en Europe la direction des arts et, comme au temps des ducs de Bourgogne, s'amalgamait la Flandre. On a vu ce qu'était cette province du cabaret de *la Chasse*, cette petite Flandre du Pont-Neuf et de la rue Taranne, au faubourg Saint-Germain. C'est, au surplus, l'époque de la paix de Nimègue, qui donne au Roi Lille, Dunkerque, une partie du Hainaut et de la côte flamande, entre la Lys et l'Yser : conquête peu violente, d'ailleurs, et dont le pays conquis ne garde pas rigueur. Les artistes, loin de bouder la France, continuent de plus belle à prendre le chemin de Paris ; le sculpteur Sébastien Slodtz, d'Anvers, vient s'y établir à cette date et y fonde cette famille d'artistes, Paul-Ambroise, Sébastien-René et René-Michel, dit Michel-Ange, qui seront, sous la Régence, les véritables précurseurs des Adam, des Clodion ; et, en 1684, six ans après le traité qui donne Valenciennes à la France, y naissait l'artiste, le poète de génie qui devait créer de toutes pièces la plus charmante des écoles françaises, — Antoine Watteau.

IV

En effet, ce grand art du XVIIe siècle, tel que l'ont « organisé » Colbert et Charles Le Brun, cet art des grands ensembles et des perspectives royales, laisse peu de place à l'invention, au caprice personnels. Ce n'est guère, en son fond, qu'une importation un peu artificielle de l'art italien, à laquelle la volonté de faire grand et la discipline acceptée d'un ministère unique impriment seules une nuance propre d'ordre et de majesté. On parle beaucoup des « anciens » : en réalité, le grand maître, c'est le cavalier Bernin, l'immortel créateur du péristyle de Saint-Pierre et de tant de beaux décors romains, de la place Navone à celle de la Trinité-des-Monts, — l'homme qui, en se jouant, dans son voyage de France en 1661, nous laissa le dessin de la colonnade du Louvre et plus d'une autre idée, que Le Vau et Mansart reprirent à Versailles.

Mais tandis que le goût se forme et que l'école devient plus habile, qu'elle acquiert plus d'assurance par l'importance de ses ouvrages, et qu'elle y prend conscience de son indépendance, on assiste à un curieux revirement des idées. Les esprits s'émancipent et supportent impatiemment la tutelle des maîtres. L'Italie et l'antiquité ne sont plus des modèles dont l'imitation soit la fin suprême de l'art et la condition du beau. Qu'ont-elles fait après tout qui vaille

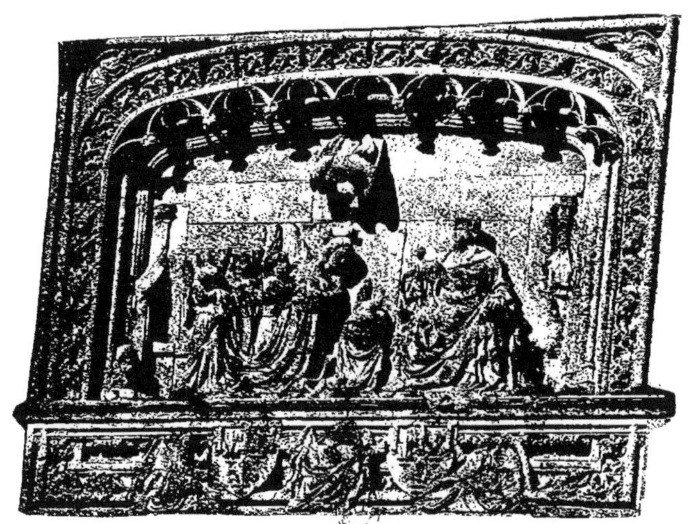

Photo Commission Monuments historiques.

Le Couronnement de la Vierge.
(Château de La Ferté-Milon, Aisne.)

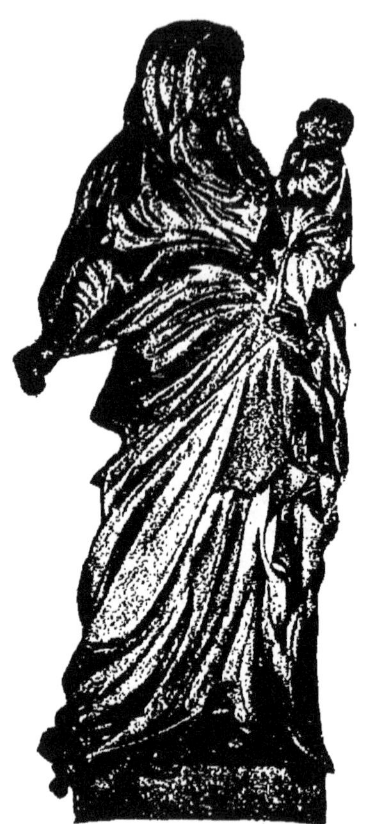

Photo Commission Monuments historiques.

Vierge et Enfant,
par Jean de Marville ou Claus Sluter.
(Portail de la Chartreuse de Champmol,
à Dijon.)

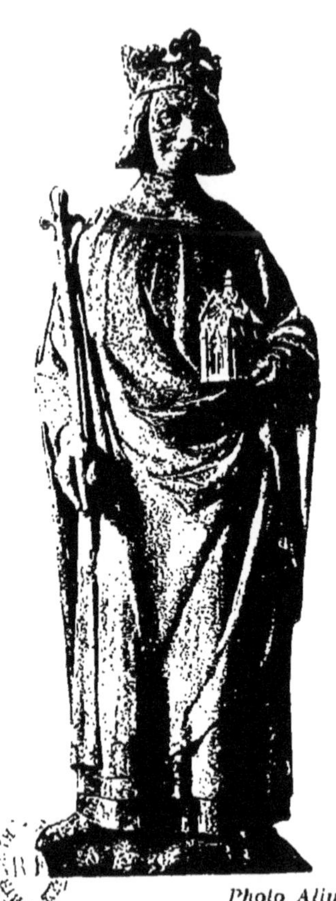

Photo Alinari.

Statue en pierre
de Charles V, roi de France.
(Musée du Louvre.) Ancien
portail de l'église des Célestins
à Paris.

le Louvre et les Tuileries, et cet étonnant Versailles? La France n'est-elle pas assez grande pour se passer d'exemples? Devra-t-elle chercher toujours des modèles étrangers et ne saurait-elle trouver en elle-même, sans prendre conseil d'autrui, le genre d'art qui lui convient? Lui faudra-t-il éternellement prendre le mot d'ordre à Rome, et vivre sur des règles faites pour les contemporains d'Auguste et de Marc-Aurèle? N'est-il pas temps pour elle de sortir des bancs de l'école et de penser pour son compte, sans se soucier des gens d'il y a deux mille ans?

Il ne saurait convenir ici de refaire l'histoire de cette dispute fameuse qui a rempli la fin du siècle, et qui est la querelle des Anciens et des Modernes. « Les anciens sont les anciens, et nous sommes les gens de maintenant! » s'écrie déjà Molière, en réponse aux critiques qui lui jettent Horace et Aristote à la tête. Mais cette grande querelle littéraire a eu son côté artistique, et celui-ci nous intéresse davantage[1]. A mesure que Rome perd de son autorité, Anvers et Amsterdam gagnent en importance. L'intérêt politique qui se déplace vers le Nord, et fait des Pays-Bas l'axe de toutes les grandes questions contemporaines, agit puissamment, il faut le dire, dans le sens des curiosités et des idées nouvelles. Rien ne vaut, hélas! une bonne guerre comme leçon de géographie. Les guerres d'Italie ont plus fait que tous les commerces pacifiques pour répandre en France les idées et les goûts de la Renaissance; les campagnes de Hollande eurent un effet analogue pour la France de Louis XIV. On apprend que le monde est plus vaste qu'il n'est dit dans les livres; qu'il y a sous le ciel une grande diversité de mœurs, et surtout plus d'une forme de l'art et de la beauté. La beauté n'est pas « une », comme l'enseignent quelques professeurs qui

1. Voyez la *Revue des Deux Mondes* du 15 mai 1907.

se font l'illusion que la tragédie de Racine est sœur de celle de Sophocle et que la peinture de Poussin ressemble à celle de Parrhasius. Mais l'art se modifie sans cesse, il varie avec les climats et le génie des lieux, et Rembrandt et Rubens sont fort bons à leur place, comme Raphaël l'est à la sienne. Il n'y a pas de règle absolue pour la production des chefs-d'œuvre, pas de ciel qui ait le privilège de faire éclore le génie. Si l'on dessine bien à Rome, on peint mieux dans les Pays-Bas. Déjà les curieux rapportent de leurs voyages quelques-uns de ces tableaux « flamands » que Louis XIV traite de « magots »; il se forme dans Paris plusieurs cabinets d'amateurs, celui d'un Roger de Piles, d'un Boisset, d'un La Roque, d'une comtesse de Verrue, où les petits maîtres de là-bas font leur apparition. Leur formule intime, sociable, faite pour l'appartement et la vie familière, s'accommode mieux que le genre héroïque au cadre de l'existence bourgeoise. On est las de pompe, de grandeur, d'apparat, et l'on revient avec plaisir à la réalité. Nos peintres, de plus en plus, s'épargnent le stérile voyage d'outre-monts; en revanche, ils font volontiers celui des bords de l'Escaut. Largillière est un pur Flamand d'éducation. Élevé à Anvers par un certain Goubauw, il passe vers les vingt ans à Londres, où il trouve chez Lely les leçons de Van Dyck. Desportes est l'élève du Flamand Nicasius. Rigaud fait collection de peintures « flamandes » et ne possède pas moins de huit tableaux de Rembrandt : Rembrandt, Rubens, on ne les distingue pas encore nettement; on les oppose en bloc à Raphaël et à Poussin. Et voilà qu'un beau jour les « Rubénistes », comme on nommait les hérétiques et les partisans de la « couleur » contre le « dessin », découvrent que, sans aller si loin, leur maître favori est déjà dans la place : Rubens au Luxembourg, Anvers en plein Paris.

Ce que fut cette découverte pour les peintres d' « histoire », je l'ai indiqué d'un mot, par un exemple de Coypel. Pour toute cette génération, la Galerie de Médicis est un modèle qui rejette bien loin la Galerie de Versailles et les ouvrages de Le Brun. On entrevoit que la jeune école y puisa une partie de sa nouvelle poétique. Mais que nous importent aujourd'hui les peintres d' « histoire » de cette époque ? Dans ce Luxembourg d'alors, il y avait Watteau.

Il était là dans l'atelier du « concierge » de la maison, un peintre nommé Audran, qui lui faisait faire ce qu'on appelait des « singeries » et des « grotesques ». Nous ne savons pas si le jeune homme, à ses heures perdues, a fait beaucoup d'études d'après la *Naissance de Louis XIII* ou le *Gouvernement de la Reine* ; je ne me souviens pas qu'il en reste une trace dans ses dessins ou dans son œuvre. Ce qu'il devait préférer dans le Luxembourg, c'est le jardin demi-sauvage et mal entretenu, et ses biographes nous disent qu'il aimait par-dessus tout les jardins mal peignés. Et l'on ne voit pas en effet tout d'abord quel rapport il pouvait y avoir entre le maître tout-puissant de la Flandre héroïque et le rêveur, le mélancolique, le phtisique Watteau. C'est bien pourtant le même sang qui coule dans leurs veines et qui reparaissait chez l'apprenti du Luxembourg, avec cet affinement extrême qui est propre aux « fins de races ». Watteau le savait bien, qu'il était de la famille. A ses derniers moments, dans ce jardin de Nogent, où le recueille son cher Julienne, le frère de celui-ci, je crois, l'abbé de Julienne lui porta pour le consoler deux tableaux de Rubens : c'étaient un *Crucifix* et un tableau d'enfants. Il nous dit avec quelle piété et quelle humilité le mourant contempla ces œuvres du grand maître. Ce fut sa dernière joie de peintre. Il expira quelques jours après, un jour d'été, à la campagne, et il aurait pu dire comme un autre grand artiste, qui lui ressemble un peu par le charme qu'il prête aux femmes et par l'amour de la musique : « Nous irons tous au ciel, et van Dyck sera de la partie ! »

Un Flamand : en son temps personne ne s'y trompa. On le reconnaît aussitôt, et depuis soixante ans ce n'était pas chose nouvelle qu'un jeune Flamand de plus qui venait à Paris. C'est avec des Flamands, un Spoede ou un Wleughels (le fils du Wleughels de tout à l'heure), qu'il se lie à son arrivée, et ce sont eux qui l'aident à se tirer d'affaire. Ses premiers petits tableaux de scènes militaires, ses *Bivouacs*, ses *Recrues allant rejoindre leur régiment*, qu'il présente à Sirois, le marchand du Pont-Neuf, à l'enseigne du *Grand Monarque* — tableaux de circonstance, car on était alors, comme aujourd'hui, en pleine guerre, au lendemain d'Oudenarde, à la veille de Denain, — Sirois les prend tout de suite pour de « bons tableaux flamands » ; et La Fosse, le meilleur décorateur du temps, le jour où Watteau, timidement, ses petits tableaux sous le bras, se présente à l' « agrément » de ces messieurs de l'Académie, déclare ces tableaux d'un « bon maître flamand ». C'était la mode, en ce temps-là, des scènes de « genre » dans le goût d'Ostade, de Téniers. Dans cette boutique du Pont-Neuf où débuta l'adolescent et où, nous l'avons vu, il peignait des *Saint-Nicolas*, on ne tenait pas seulement l' « article de Saint-Sulpice » ; c'était encore une fabrique de faux Téniers, de faux Gérard Dou. Beaucoup des plus anciens Watteau qui sont venus jusqu'à nous, l'*Écureuse* de Strasbourg, le *Ramoneur* de l'Ermitage, la *Vraie gaîté*, d'autres encore, ne sont pas autre chose, comme ses sujets militaires, ses sujets villageois, et comme son dernier tableau, son chef-d'œuvre, l'*Enseigne de Gersaint*, n'est qu'une « Boutique de peintures », du genre bien connu aux Téniers et aux Gonzalès Coques.

Un Flamand... Quel est donc le jeune prince allemand,

poète et joueur de flûte, qui recherchait en peinture, aux environs de 1730, ces peintres romanesques, les « Français de l'école de Brabant », les Watteau, les Lancret, que nous vîmes à Paris au Pavillon de l'Allemagne, à l'Exposition de 1900, ou naguère encore à Berlin, dans une occasion célèbre, du temps que l'Empereur nous faisait des sourires[1] ? Oui, c'est bien un Flamand que le peintre des « fêtes galantes ». Et d'où vient le préjugé qui veut qu'il n'y ait en Flandre que gras matérialisme et joie de vivre épaisse ? Qui est plus gentilhomme que Van Dyck et Rubens ? Qu'on imagine donc un Van Dyck aminci, aiguisé, amaigri encore, d'une sensibilité plus vive, d'une nervosité plus rare ; par là-dessus, la vie de Paris, le théâtre, le Luxembourg, le séjour chez Crozat, le grand collectionneur, — c'est-à-dire l'équivalent d'un voyage à Venise, l'étude de Titien, des Bassans et de Campagnola ; ajoutez à ce tour de l'imagination les curiosités d'un flâneur, d'un badaud, d'un observateur, également épris de l'art et de la vie, ayant le goût du rêve et celui du réel, maladif enfin, dégoûté, habile à transformer les faits et à s'en composer un petit monde imaginaire : voilà les éléments de la charmante féerie que pendant la dizaine d'années que durera sa brève carrière, va dérouler Watteau.

On ne peut résumer ici cette œuvre délicieuse, l'une des plus « créées » qui existent au monde, et l'une de celles, aimait à dire notre cher Wyzewa, où il y a le plus de « musique ». Qui dira l'immortelle poésie de l'*Embarquement pour Cythère* ? Départ, embarquement d'un âge qui sera le siècle des plaisirs, qui a joui plus qu'aucun autre de la douceur de vivre ; illusion d'un malade qui n'a pu que rêver le bonheur, n'a connu de l'amour que l'idée, le désir ; élan de la jeunesse vers le charme éternel qui fait battre les cœurs par l'attrait de la volupté ; passion, ardeurs

1. Voyez la *Revue des Deux Mondes* du 1er mars 1910.

mélancoliques pour une beauté qui flotte et fuit, et n'a que là magie inconsistante d'un songe, — l'aigu, le frémissant Michelet l'a vu mieux que personne, dans son divin chapitre sur la *Mort de Watteau* : « Ses gentils pèlerins, ses pèlerines pour Cythère ne quittent pas la rive. Il reste au départ même. Autre ne fut sa vie : un incessant départ, un vouloir, un commencement... »

Inquiet, capricieux, fantasque, incommode et charmant, misanthrope et affectueux, irritable et découragé, ses amis qui l'aimaient en dépit de ses humeurs savaient bien qu'il était au fond « le Watteau de ses tableaux, aimable, tendre, et peut-être un peu berger ». C'était une nature de poète, pastorale, lyrique, ce créateur d'*Astrées* et de bords du Lignon, ce promeneur de Montmorency, ce rêveur solitaire qui imaginait dans les bois des *Conversations* ou des *Leçons d'amour*, et qui étendait sous les ombrages des couples prêtant l'oreille à de molles sérénades. Comme un autre poète, moins pur que lui, et non moins célèbre par ses bizarreries, comme ce Jean-Jacques qui devait un peu plus tard nous enseigner le prix de l'amour, ce candide, subtil étranger verse subitement dans la peinture une proportion inédite de valeurs sentimentales, tout un peuple nouveau de jeunesses féminines qui étoilent et fleurissent ses mystérieux bocages. L'amour et le paysage commencent dans son œuvre leur merveilleux duo : concert des voix les plus touchantes qu'il y ait dans la nature. Toute une sensibilité, une émotion nouvelles, éparses et répandues dans l'air à ce moment de la Régence, le dégoût des idées, un désir de plaire et de « sentir », un goût de la tendresse et de la volupté qui erraient dans l'âme française, Watteau les cristallise : il les fixe et en fait l'essence de ses petits tableaux.

Chose curieuse ! Vers 1700, toute la France pittoresque imite la Flandre ou la Hollande, mais elle n'y sait puiser que lourdeur, trivialité. Pour affiner ce réalisme, pour l'aiguiser d'esprit, de grâce, de sentiment, il faut ce demi-étranger, ce quasi-Flamand de Watteau. Aventure, du reste, moins singulière qu'on ne présume : souvent l'étranger sensitif dégage vivement les traits qui échappent à l'indigène. Comme Greco à Tolède fonde l'école espagnole, comme Van Dyck à Londres forme la peinture anglaise, ou comme Philippe de Champagne était arrivé à Paris pour y être le portraitiste de la plus pure race française, Watteau invente, crée le goût national, et donne à notre école, jusque là trop romaine, l'art et le moyen d'être elle-même; il l'a francisée, mieux encore, « parisianisée ». Il y a maintenant, après l'école de Versailles, qui n'est guère qu'un succédané de l'art des Bernin et des Piètre de Cortone, — une nouvelle « école de Paris », comme il y a eu avant elle celles de Florence ou de Venise, d'Anvers ou de Madrid : et elle est pour une part immense l'œuvre du Flamand Watteau.

On fait tort à ce grand artiste de ne lui donner pour élèves que ses imitateurs, son compatriote Pater, le fils du sculpteur dont Watteau a fait le beau portrait qui est à Valenciennes, Lancret, Bonaventure de Bar. En réalité, pas une œuvre de notre XVIIIe siècle qui ne lui doive quelque chose. Notre école, qui pour l'habileté est la première du monde, il lui donne ce qui lui manquait encore : l'âme. Grâce à lui, la peinture de mœurs bourgeoises ou élégantes, le portrait, la décoration, la mythologie elle-même, contiennent un élément qui n'y serait pas sans lui. Un plafond de Lemoyne, un trumeau de Natoire, une *Chasse* de Van Loo, une divinité de Boucher, même une bourgeoise de Chardin (voir la *Dame cachetant une lettre*), une fillette de Greuze, un portrait de Tocqué, et jusqu'aux merveilleux impromptus de Fragonard respirent une volupté, une beauté poétiques qui sont chez eux un reste du génie de l'enchanteur. D'une goutte de son âme, il a transfiguré le siècle. Il lui a légué une vision, une manière idéale d'interpréter le réel, on ne sait quel sentiment aristocratique de la vie ; on peut dire que, sans lui, le siècle serait autre qu'il n'a été : c'est toute la peinture de « genre » à la française, ce sont les Baudouin, les Deshays, les Roslin, les Lavreince, tous les aquarellistes, gouachistes, dessinateurs, graveurs, miniaturistes, Eisen (de Valenciennes), Cochin, Moreau le jeune, Saint-Aubin, Debucourt, c'est toute une tradition de réalité élégante, dont nous nous trouverions privés.

Et il resterait à montrer dans toute cette école cent autres traces curieuses de l'influence de la Flandre. On les trouverait chez Chardin autant que chez La Tour, surtout chez ce versatile Boucher et chez le grand impressionniste Frago, qui a fait tout exprès le voyage des Pays-Bas pour voir Rubens, Rembrandt et van Ostade chez eux. Visible ou latente, plus ou moins transformée, atténuée, volatilisée, l'inspiration des grands « coloristes » flamands circule dans toutes ces œuvres de la peinture française : mais la note essentielle, jusqu'au bout de ce siècle qu'il avait inventé, deviné sans l'avoir connu, est toujours l'esprit voluptueux, le souffle, le rêve de « jeune malade », la chimère de désir que lui a laissés Watteau.

V

Je me borne à esquisser la suite. Il serait trop long de suivre, à Bruxelles ou à Liége, les réactions, souvent charmantes, des influences venues de Paris ; il y aurait un chapitre à écrire sur le mobilier, les faïences, dont on trouverait les éléments au Musée du Cinquantenaire ou au Musée Liégeois. Beaucoup de choses, qui ne se trouvent ni dans les textes des écrivains ni dans les œuvres du grand art, s'expriment par ce détail des objets qui accompagnent la vie commune. Une chaise, une armoire sculptée, une assiette peinte en disent souvent plus long que beaucoup d'œuvres plus ambitieuses. On verrait combien à cette date la bourgeoisie flamande, autant que la bourgeoisie wallonne, est imprégnée de vie française.

Et puis, c'est la révolution antique du temps de Louis XVI, révolution du goût qui précède de peu l'autre. En 1785, c'est le Salon des *Horaces* : l'empire de David commence — avec quel tyrannique, quel fanatique génie ! Comme tout ce qui tient de Rousseau, la réforme artistique emprunte un caractère de révélation religieuse. Jamais art ne fut salué avec plus de transports. David apparaît comme le prêtre d'un système de vie, qui va s'imposer brusquement dans les lois, dans les mœurs, jusque dans le costume et les meubles, transformer la société entière selon un idéal de « nature » républicaine et spartiate. Aucun maître depuis des siècles n'avait suscité tant d'ardeurs et tant d'enthousiasmes. Parmi la foule de ses élèves, dans cet atelier du Louvre où il prépare les *Sabines* et dont le bon Delescluze nous fait un si vivant tableau, on accourt de toute l'Europe, mais principalement de Belgique : voici Mathieu Van Brée, d'Anvers, le Brugeois Odevaere et le Brugeois Suvée, van Hanselaere de Gand, et Paelinck, le « Rubens moderne », et Stapleaux, et Moll, et le mieux doué de tous, François-Joseph Navez, qui a fait quelques-uns des meilleurs portraits de l'école, comme celui de la famille Hemptinne.

Aussi, après les Cent-Jours, quand paraît le décret contre les régicides, l'ancien conventionnel David n'hésite pas sur le choix d'un refuge : à Bruxelles, il retrouve sa gloire et presque ses anciens disciples des belles années du Consulat. En vain le roi de Prusse, — le même qui brocante des van

Eyck, — lui réitère-t-il les offres et les avances; en vain le fait-il circonvenir par son ambassadeur, assiéger par des femmes, inviter par son propre frère : la Prusse n'est jamais lente à profiter de nos erreurs, à se peupler de nos proscrits et de nos mécontents, de nos Voltaire ou de nos protestants « révoqués »; — hélas! quand aurons-nous fini de jeter à l'ennemi ces forces qui l'enrichissent? David ne se laissa pas fléchir. Le peintre septuagénaire, — pardonnons-lui certaines faiblesses en raison de cette preuve tardive qu'il a donnée de son caractère — le vieux maître des *Aigles* et de *Léonidas* n'ira pas mourir directeur de l'Académie de Berlin : il a compris, enfin, qu'il est plus beau de n'être plus rien, quand on a été le « premier peintre » de l'Empereur, et de finir fidèle dans un exil honorable, non loin des champs où s'écroula l'Aigle de Waterloo.

Pendant ces dix années d'exil, David a peu fait pour sa gloire : le goût changeait; un monde nouveau naissait autour de lui. Peut-être mourut-il avant d'avoir compris qu'il avait trop vécu. Mais un artiste plus jeune vivait dans l'ombre à son côté : c'était un exilé comme lui, un sculpteur encore inconnu en qui renaissait la sève puissante des statuaires bourguignons et le mâle génie du terroir. Étrange retour des choses! Cette Belgique qui nous avait envoyé Claus Sluter, la France maintenant lui rendait François Rude. Les ouvrages de Rude à Bruxelles ont presque tous disparu : disparus, le fronton et les cariatides du théâtre de la Monnaie (construit par le Français Damesme); disparus les bas-reliefs de la rotonde de Tervueren, la *Chasse de Méléagre* et les *Exploits d'Achille*. Ce ne sont pas, à en juger par les moulages, les œuvres de l'auteur les plus significatives. Mais quand Rude revient à Paris, en 1828, avec sa figure de *Mercure*, on peut dire que déjà il existe tout entier. Et dans son œuvre la plus célèbre, le sublime *Chant du départ*, vaste tempête de pierre où passe la colère vengeresse des peuples, il nous plaît aujourd'hui, et il nous touchera d'associer, le jour du triomphe, l'image de la Belgique fraternelle.

Rude n'est pas le seul de nos sculpteurs que nourrit, abrita Bruxelles. Rodin, que nous pleurons encore, y passa dix années, les plus fécondes de sa vie. Avec quelle gratitude l'illustre vieillard, naguère encore, nous parlait de sa pauvre jeunesse, de son laborieux séjour, du noble et suave pays où il rencontra le bonheur ! Bruxelles est aujourd'hui un musée de « Rodins » ignorés. La cathédrale de Tournai fut pour l'artiste ce que furent pour beaucoup d'autres des églises plus fréquentées ; c'est là qu'il comprit le moyen âge. Et lorsqu'il nous revint, mûri, savant, définitif, avec la figure de l'*Age d'airain*, comme cinquante ans plus tôt Rude avec son *Mercure*, la Belgique pour la seconde fois généreuse et hospitalière, ayant reçu un apprenti, nous faisait don d'un maître.

Mais comment séparer pendant le dernier siècle l'histoire de deux arts qui se confondent, dont les bords tout au moins à chaque instant se mêlent, dont tous les événements retentissent l'un sur l'autre ? Sans doute, Paris ne cesse pas d'exercer sur Bruxelles un attrait persistant et une séduction peut-être dangereuse : mais les plus « français » de ces artistes sont-ils les moins originaux ? Qui est plus Parisien que Stevens ? et qui, parmi les peintres, est un plus authentique Flamand ? C'est de Jean-François Millet que sort Constantin Meunier : est-il un art plus national que celui de ce grand et sévère sculpteur ? Qui sait quel rôle la réaction contre les tentations de Paris, la volonté de faire « autrement » qu'on ne l'enseigne à l'école des Beaux-Arts, n'ont pas joué dans les idées des maîtres les plus décidément « autochtones », tels qu'un Henri de Brackelaer ou un Charles de Groux ?

VI

J'arrêterai ici cette esquisse : nous pourrions la pousser jusqu'à la veille de la guerre. A quoi bon accumuler des preuves superflues ?

Mais puisqu'à toute étude il faut une conclusion, qu'on nous permette de le demander : à cette masse de faits que nous venons de parcourir, à ces rapports constants, à cette longue amitié de deux peuples à travers l'histoire, qu'est-ce que l'Allemagne peut opposer ? Elle ergote sur un texte qui autorise la conjecture que Claus Sluter serait le fils d'un maçon allemand, assassiné à Bourges à la fin du XIVe siècle ; et sur cette première hypothèse, elle en édifie d'autres qui invitent à chercher en Allemagne les origines de l'art bourguignon. Elle montre des ressemblances entre l'art des Limbourg ou d'Haincelin de Haguenau et l'école de Cologne, celle des maîtres Wilhelm et des Stepan Lochner, — sans songer que ceux-ci ne sont eux-mêmes que d'humbles reflets de la peinture française.

Notez que, dans cette longue étude, c'est à peine si nous avons eu besoin de distinguer la Flandre de la Wallonie : l'une et l'autre sont également attirées vers la France ; elles lui donnent ou en reçoivent tour à tour également. Peut-être même, si l'on faisait la balance de ce qui nous est venu, en art, des deux parties de la Belgique, le plateau de Bruges et d'Anvers l'emporterait-il légèrement sur celui de Liége et de Namur.

Cette idée allemande, qui est depuis quelque temps son grand cheval de guerre ou sa plus perfide machine politique, la séparation des deux provinces belges, sur quoi repose-t-elle ? Sur un seul fait : le fait linguistique. Là-dessus, l'Allemagne se hâte de construire un système politique et administratif, soi-disant « réaliste » et scientifique. Quelle erreur ! De la masse des réalités en extraire, en choisir une seule, et pour l'interpréter de la manière la plus abusive, est-ce là l'œuvre de savants ? Étrange méthode, de prendre un fait pour le vider de son contenu ! Le flamand est une langue germanique, soit ! Mais la littérature, la pensée flamandes, que doivent-elles à l'Allemagne ? La plus vieille version étrangère de la *Chanson de Roland* est une version néerlandaise. La langue, qui devait faire obstacle au rapprochement de la Flandre et de la France, ne sert qu'à les unir ! Ainsi la mer rapproche plutôt qu'elle ne sépare. On la prend pour un abîme, et elle est un pont, un lien.

Mais l'art est pour qui sait l'entendre un langage plus clair encore que les mots : c'est la langue des sentiments, celle des affections profondes, celle dont le poète a dit

Que le monde l'entend et ne la parle pas.

Ceux-là s'en servent seuls qui ont à exprimer quelque manière émue d'envisager la vie, quelque amour spécial qu'ils ont pour la beauté. On fait dire ce qu'on veut aux mots : il est plus difficile de faire mentir une œuvre d'art. Dans les œuvres innombrables qui sont quasi communes à nos deux peuples, que voyons-nous, si ce n'est un long témoignage d'amour ?

Il est bon d'y revenir encore en finissant. L'Allemagne, sous prétexte de science, a inventé cette conception grossière de l'histoire, où tout serait dominé par des faits matériels et des réalités physiques, la langue, la race, le milieu. L'histoire est remplacée par l'anthropologie ; elle devient un chapitre de l'histoire naturelle ou, comme s'en indignait Renan, de la zoologie. Les luttes des peuples dans ce système n'offrent pas d'autre caractère que celles des « espèces » comme le gorille ou le chimpanzé. Vue horrible et barbare ! Que deviendrait un monde où régnerait sans partage une telle philosophie ? Puisque les armes spirituelles sont aussi des moyens de combat, ne cessons de lui opposer les nôtres. Que tous les faits humains, que les lettres, que l'art nous aident à leur tour ! Non, l'histoire n'est pas, comme le prétend l'Allemagne, celle de nos fatalités. Quelles que soient les forces qui nous lient, nous oppriment, d'autres nous soulèvent, nous délivrent ; et l'art, comme la patrie, est une création de l'amour et de la liberté.

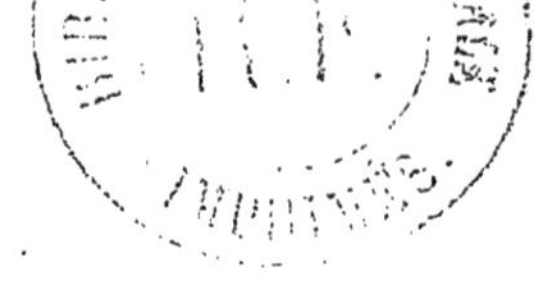

MACON, PROTAT FRÈRES, IMPRIMEURS

MACON, PROTAT FRÈRES, IMPRIMEURS

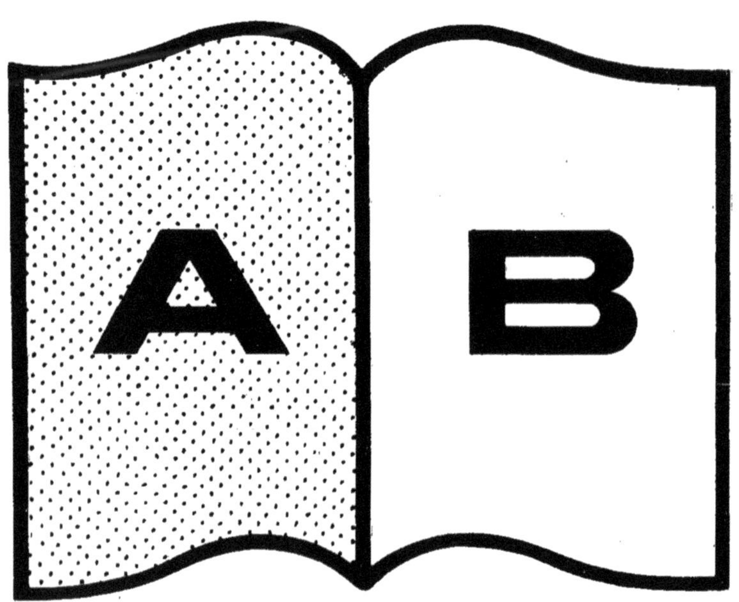

Contraste insuffisant

NF Z 43-120-14

www.ingramcontent.com/pod-product-compliance
Ingram Content Group UK Ltd.
Pitfield, Milton Keynes, MK11 3LW, UK
UKHW020213200726
13856UKWH00004B/1362

9 782011 909572